Bibliografische Informationen der Deutschen Nationalbibliothek

Die Deutsche Nationalbibliothek verzeichnet diese Publikation in der Deutschen Nationalbibliografie; detaillierte bibliografische Daten sind im Internet über http://dnb.dnb.de abrufbar.

1. Auflage 2023
2023, Uli und Bernd Bott, © Gemeckerfrei LLC 2023
Erstellt und vermarktet in Zusammenarbeit mit Remote Verlag

Projektmanagement: Melanie Krauß
Lektorat und Korrektorat: Ute Flockenhaus, Luise Hartung, Fabian Galla
Umschlaggestaltung: Esther Wienand
Satz und Layout: Zarka Bandeira
Abbildungen im Innenteil: © Uli und Bernd Bott

ISBN Print: 979-8-9890189-0-1

Uli und Bernd Bott

Abenteuer Familienleben

50 Impulse für eine gemeckerfreie
«Erziehung» und glückliche Kinder

Inhalt

Vorwort

Herzlich willkommen bei gemeckerfrei®, der Marke für liebevolle Beziehungen zu deinen Kids, deinem Partner oder deiner
Partnerin und zu dir selbst.

Heutzutage eine Familie zu gründen und als solche zu leben,
kann zurecht als das größte Abenteuer überhaupt angesehen
werden. Noch nie war der Leistungsdruck größer, nie gab es
mehr Informationen darüber, wie man Kinder bestmöglich ins
Leben begleitet, noch nie war unser Alltag so vollgepackt mit
den verschiedensten Lebensthemen. Noch nie war uns unsere
Rolle als Mama oder Papa so bewusst.

Wie also gelingt ein Alltag, der uns nicht alle in den Wahnsinn
treibt, und – mehr noch – wie ist es möglich, das Familienleben
zu erschaffen, für das wir einmal losgegangen sind, weshalb
wir uns überhaupt für Familie und Kinder entschieden haben?
Denn niemand hat die Entscheidung in der Annahme getroffen,
dass das Jahre voller Verzicht werden, in denen wir von morgens
bis abends angemeckert werden oder selbst immer wieder Gefahr laufen, aus der Haut zu fahren. Bernd und ich glauben,
dass jede und jeder, die oder der sich bewusst für Familie entschieden hat, eine wundervolle Vorstellung und eine vielleicht
sogar romantische Idee damit verknüpft hat. Und uns ist klar,
dass niemand gern meckert, ganz im Gegenteil: Niemand hat
Kinder bekommen, um sich mit ihnen zu streiten. Wir alle wollen
Familie leben – liebevoll, glücklich, gemeinsam.

In unserem neuen Buch wollen wir dich so praxisnah und
leicht verständlich wie möglich auf eine Reise hin zu einem

Alltag ohne Gemecker und Geschrei in der Familie mitnehmen. Denn ja, es ist absolut möglich, ein Miteinander zu erschaffen, in dem Schimpfen, Schreien, aber auch «nur» Gemecker verschwinden und stattdessen authentische, liebevolle Beziehungen und ein für alle wohltuendes Miteinander entstehen.

Dabei geht es weder um Scheinharmonie noch darum, dass dir deine Kinder auf dem Kopf herumtanzen, denn beides würde am Ende doch nur wieder Gemecker verursachen. Alles, was wir unter den Teppich kehren, fliegt uns nämlich irgendwann um die Ohren und jeder antiautoritäre Erziehungsalltag endet dann doch in starren Regeln und Grenzen, die mit Härte durchgesetzt werden.

Das kann es also nicht sein.

Wie also kann Familie anders und besser funktionieren?

Wie kann es klappen, dass Kinder zu verantwortungsvollen, wachen und lebendigen Erwachsenen heranwachsen, die kraftvoll und eigenverantwortlich ihr Leben gestalten? Und wie können wir als Eltern zu unseren Kindern in der Kindheit und darüber hinaus wundervolle Beziehungen aufbauen und es genießen, miteinander Zeit zu verbringen?

Diese Fragen haben wir uns gestellt und darauf Antworten gefunden, die nicht nur für unsere Familie und unsere vier gemeinsamen Kinder im Alter von 23, 22, 18 und 14 Jahren, sondern auch für die über 100.000 Teilnehmerinnen und Teilnehmer unserer Programme und Coachings funktionieren.

#Gemeckerfrei® zu werden, ist kein Erziehungsstil, es ist ein Lifestyle, eine bestimmte Sicht auf das Leben. Sobald du anfängst, dies zu verinnerlichen, verändert sich der Alltag mit deinen Kindern wie von selbst.

Deshalb ist die Reise zu deinem gemeckerfreien Leben so einfach und so herausfordernd zugleich. Denn sobald du deine Haltung veränderst, verschwinden alltägliche Probleme quasi im Handumdrehen. Gleichzeitig ist der ständige Perspektivwechsel, der jeder inneren Veränderung zugrunde liegen muss, mitunter schwieriger umzusetzen als ein herkömmlicher Erziehungstipp.

Wir wissen nur zu gut, dass der Alltag mit Kindern in der heutigen Zeit geprägt ist von Termindruck, Perfektion und Stress. Deshalb wollen wir dir mit diesem Buch «50 Haltungs-Häppchen» schenken. Kurze, klare Impulse, die dich dabei unterstützen, deine Perspektiven im Alltag mit den Kindern so zu verändern, dass du anschließend nur selbst den Kopf darüber schütteln wirst, wieso du dich bisher aus der Ruhe hast bringen lassen.

Weil die einzelnen Kapitel eine lose Zusammenstellung unserer bewährtesten Impulse sind, bist du vollkommen frei, wie du das Buch gern lesen magst: von vorne bis hinten oder einfach die Kapitel herausgreifen, die dich ansprechen oder von denen du dir die beste Unterstützung erhoffst.

Unser Ziel ist es, dir aufzuzeigen, wie Elternsein das größte Geschenk überhaupt sein kann, dass es keine schwierigen Phasen mit den Kindern geben muss und dass es möglich ist, dein Traumbild von Familie lebendig werden zu lassen.

Wie schon in unseren anderen Büchern bin ich, Uli, die Hauptautorin, die unser gemeinsames Wissen und unseren Erfahrungsschatz für dich in Worte gefasst hat.

1. | Du bist in jedem Moment die beste Mama/der beste Papa für deine Kids

Lass dir diesen Satz auf der Zunge zergehen, lass ihn wirken und, wenn du magst, sag ihn laut: «Ich bin die beste Mama/der beste Papa für meine/unsere Kinder.» Davon sind wir zutiefst überzeugt. Vollkommen losgelöst davon, ob es dir derzeit gelingt, deinen eigenen Ansprüchen zu genügen, ob du schon die Mama/der Papa bist, die/der du gern sein möchtest, oder ob du jeden Abend weinend im Bett liegst, weil es mal wieder so anstrengend war, weil es dir wieder nicht gelungen ist, ruhig zu bleiben, und deine Kinder wieder einmal Tango auf deinen roten Knöpfen getanzt haben.

Warum wir so sicher sind, dass du dennoch die beste Mama/der beste Papa bist? Ganz einfach: Weil du jeden Tag dein Bestes gibst. Du hast noch nicht aufgegeben. Du nimmst dir jeden Tag aufs Neue vor, es besser zu machen. Und du suchst dir Hilfe und Unterstützung. Sonst würdest du diese Zeilen nämlich gar nicht lesen. Niemand von uns hat gelernt, Eltern zu sein. Genau genommen haben wir von kaum einer Sache weniger Ahnung als von der Begleitung unserer Kinder. Jeden Tag stehen wir aufs Neue vor Herausforderungen, von denen wir nicht mal im Ansatz eine Idee haben, wie wir sie bewältigen sollen. Und schon allein deswegen, weil du dir in der heutigen Zeit zugetraut hast, Kinder zu bekommen, weil du nicht aufgibst, weil du jeden Tag dein Bestes versuchst und unermüdlich dafür arbeitest, deinen Kindern eine schöne Kindheit zu schenken – allein deswegen bist du die beste Mama, der beste Papa für deine Kinder.

Einer der größten «Fehler» unserer Zeit ist unser negativer Blick, verbunden mit den hohen Ansprüchen an uns selbst. Wir sehen ständig das halbleere Glas, richten unsere Aufmerksamkeit auf die Momente, in denen wir glauben, als Eltern versagt zu haben, statt einfach wahrzunehmen, wie oft wir es eben doch hinbekommen. Irgendwie zählen die vielen Kleinigkeiten, die wir ganz selbstverständlich Tag für Tag für unsere Kinder tun, so viel weniger als die Momente, in denen wir ausflippen, lauter werden, als wir eigentlich wollen, oder einfach nur aufatmen, wenn die Kinder endlich im Bett sind.

Dabei sind die ohne Tamtam gefüllten Brotdosen, die Unterhosen, die wir selbstverständlich einsammeln, die Schulranzen, über die wir täglich steigen, weil sie wieder mitten im Flur abgeworfen wurden, das Essen, das wir kochen, der Trost, den wir wegen gefühlter Kleinigkeiten spenden, das da Sein – all das sind keine Selbstverständlichkeiten, sondern Aspekte, die dich als Mama oder Papa ausmachen. Und natürlich liegt es in unserer

Natur, dass wir es immer noch schöner haben wollen. Nur vergiss dabei nicht, wo es schon wundervoll ist. Was du jeden Tag leistest, wie sehr du deinen Kindern zu zeigen versuchst, dass du sie liebst, und wie du Tag für Tag diese Quadratur des Kreises versuchst, um all die verschiedenen Bedürfnisse und Ansprüche, die unser heutiges Leben mit sich bringt, zu meistern. Wir finden, es ist an der Zeit, dass du wieder anfängst, dich zu feiern. Zu sehen, was du alles gibst, wie sehr du dich anstrengst oder bemühst und was du Tag für Tag leistest. Denn es ist weder arrogant noch hochnäsig, die eigene Leistung anzuerkennen. Sich auf die Schulter zu klopfen und sich dadurch zu entspannen. Ganz im Gegenteil: Selbstwertschätzung ist sogar die Voraussetzung dafür, dass du langfristig etwas ändern kannst.

Wir wollen dich nun einladen, dir einen Moment Zeit zu nehmen. Vielleicht kochst du dir dein Lieblingsgetränk und legst dir ein leeres Blatt und einen Stift parat. Dann schließe für einen Moment die Augen und lass deinen Alltag vor deinem inneren Auge ablaufen. Nimm wahr, was du alles für deine Kinder tust – auch all die Kleinigkeiten – und schreib es auf: Ich bin die beste Mama/der beste Papa für meine Kinder, weil … Fühl in dich hinein, was das mit dir macht. Vielleicht gelingt es dir gut und geht dir leicht von der Hand. Möglicherweise fließen erst einmal die Tränen und du bist unfähig, auch nur ein Wort aufzuschreiben. Oder du kannst zwar einiges zu Papier bringen, fühlst es aber nicht, weil du es für selbstverständlich hältst. Nutze den Satz «Alles darf sein» als Mantra[1], denn jede Reaktion ist vollkommen in Ordnung. Unsere Empfehlung ist, diese gedankliche Übung über einen längeren Zeitraum so lange täglich zu wiederholen, bis sie dir leichtfällt und du wirklich fühlen kannst, dass du die beste Mama/der beste Papa für dein Kind bist.

Zum einen ist es unfassbar wichtig, dich selbst wertzuschätzen und zu feiern, zum anderen gilt es, immer im Blick zu behalten, welches Vorbild wir für unsere Kinder sein wollen. Möchtest du deinen Kindern vorleben, dass Erwachsensein bedeutet, superkritisch mit sich selbst zu sein? Oder möchtest du, dass sie, wenn sie groß sind, selbstbewusst und innerlich stark sind? Wenn dem so ist, dann darfst du ihnen das auch vorleben. Denn genau genommen fordern dich deine Kids dazu heraus, der Erwachsene zu werden, der das verkörpert, was du dir für deine Kinder wünschst. Ist das nicht großartig?

Übrigens bedeutet sich als beste Mama oder besten Papa anzuerkennen nicht, sich mit dem Status quo zufriedenzugeben. Du kannst dich feiern und dennoch innerlich wachsen. «Sei glücklich und unzufrieden» ist ein geläufiger Spruch in der Coaching-Welt. Dieser Satz will mit dem Irrglauben aufräumen, jegliche Motivation, uns zu verändern, beruhe auf innerem Schmerz und es sei nur möglich, dazuzulernen, wenn wir sozusagen am Boden liegen. Denn wir wissen längst, dass das Leben ein ständiger Entwicklungsprozess ist. Stillstand ist nicht möglich. Und es gibt immer zwei Wege, um in Aktion zu treten: einerseits große Schmerzen, also die Erkenntnis, dass es gerade alles andere als gut läuft, oder aber große Ziele. Wann immer du also fühlst, dass du es als Mama oder Papa noch besser machen willst, kannst du zunächst einmal anerkennen, dass du heute dein Bestes gibst und deshalb die beste Mama oder der beste Papa bist. Das führt dann nicht zu Stillstand, sondern verleiht dir Rückenwind und lässt dich innerlich wachsen. Denn dein Bestes von heute darf über dein Bestes von gestern hinausgehen. So wird Elternsein nach und nach zutiefst erfüllend.

2. | Bye-bye Erziehung

Falls es dein Ziel sein sollte, nachhaltig liebevolle Beziehungen zu deinen Kindern zu entwickeln und auch über ihre Kindheit hinaus wertschätzend mit ihnen verbunden zu sein, bleibt dir nichts anderes übrig, als auf Erziehung im herkömmlichen Sinn zu verzichten. Denn der Grundgedanke hinter jeder Form von Erziehung ist, dass es eine Person – dich als Mama oder Papa – gibt, die über einer anderen Person – deinem Kind – steht. Dadurch entsteht ein Machtgefälle. Wir Eltern stehen oben und schauen sozusagen auf das Kind herab. Diese Machtposition legitimieren wir durch unser Alter und unsere Lebenserfahrung. Wir behaupten, wir wüssten, was richtig und falsch ist, und erwarten von unseren Kindern, dass sie das akzeptieren. Das eine Kind fügt sich in dieses Machtgefälle, passt sich an und funktioniert, das andere begehrt auf und kämpft gegen diese Unterdrückung. Alle Kinder gleichermaßen verlieren jedoch ihre Würde und werden zu Objekten gemacht, weil wir zu wissen meinen, was für sie gut ist. Dadurch werden sie zu Marionetten und wir halten die Fäden in der Hand.

Das, was wir selbst als Kind mochten, geben wir weiter, und das, was uns gestört hat, machen wir anders. Wie viele Kinder kennst du, die Klavier lernen mussten, weil die Eltern es nicht lernen durften, oder die kein Tennis spielen dürfen, weil die Eltern so schreckliche Erfahrungen damit verbinden?

Kinder #gemeckerfrei® zu begleiten, bedeutet anzuerkennen, dass unsere Aufgabe als Eltern darin besteht, die nur körperlich kleinen Menschen dabei zu unterstützen, ihre ganz individuelle eigene Persönlichkeit zu entwickeln. Es geht nicht darum, ob ich als Mama oder Papa mag, wie sich das Kind entfaltet, sondern darum, ob das Kind damit glücklich ist. Kinder würdevoll zu begleiten bedeutet, in erster Linie neugierig zu sein, welche Qualitäten dieses Kind mitbringt, wie es auf die Welt schaut, wie es sich entfalten möchte. Es geht nicht darum, an ihm zu ziehen und es zu einer Person zu machen, die uns gefällt, sondern so für unser Kind da zu sein, für es zu sorgen, dass es die Melodie seiner Seele, all den Zauber, all die Qualitäten, die in ihm schlummern, entdecken und ans Licht bringen kann. Wir dürfen darauf achten, dass es seine ihm innewohnende Neugierde, seine Weisheit, seine Empathie, sein offenes Herz behält, statt in Schubladen gezwängt zu werden, um in der Gesellschaft zu funktionieren. Wir Großen haben zumeist verlernt, dass jede und jeder von uns ein einzigartiges Geschenk für diese Welt ist. Wenn wir dieses Wissen noch hätten, gäbe es keine Minderwertigkeitsgefühle, keine Konkurrenz und somit auch keinen Neid, keine Missgunst und am Ende keinen Krieg. Stattdessen wären wir neugierig zu erfahren, wie andere Menschen ihr Leben leben, und könnten uns davon inspirieren lassen, statt uns angegriffen oder überlegen zu fühlen.

Wir finden, es ist an der Zeit, eine neue Generation von Menschen in ihr Leben zu begleiten. Eine Generation, die in dem Bewusstsein lebt, dass jede und jeder von uns in seiner bzw. ihrer Einzigartigkeit wundervoll ist und dass wir alle wichtig und bedeutsam für unsere Welt sind – wie Puzzleteile, die gemeinsam ein großes Ganzes entstehen lassen. Nur was bedeutet das konkret und wie lässt sich das praktisch umsetzen? Das wird die Frage sein, die dir jetzt wahrscheinlich unter den Nägeln brennt. Sei unbesorgt, du wirst in jedem der folgenden Kapitel darauf Antworten finden.

Als Erstes möchten wir dich an dieser Stelle einladen, deinen Alltag einmal Revue passieren zu lassen und ehrlich hinzuschauen:

- Bist du bereit, darauf zu verzichten, dein Kind zu erziehen?

- Kannst du die Vorteile sehen oder hast du Sorge, dass das deinem Kind schaden könnte?[2]

- Wo ziehst du an deinem Kind und wo lässt du es wachsen?

- Wo erwartest du, dass es sich an gesellschaftliche Vorgaben hält, und wo gelingt es dir, loszulassen?

- Wo siehst du einen Mangel/eine Schwäche am Verhalten deines Kindes und wo feierst du seine Eigenständigkeit?

«Alles kann auch anders gesehen werden». Dieses Zitat, das dem Psychotherapeuten und Arzt Alfred Adler zugeschrieben wird, ist eine Einladung, immer wieder eine andere Perspektive einzunehmen. Denn auch ein Glas, das wir als halbvoll oder halbleer bezeichnen würden, ist an sich ein volles Glas. Die Frage ist nur, zu welchem Teil das Glas mit Flüssigkeit gefüllt und wie groß der Anteil an Luft ist. In Situationen, in denen wir eher Wasser benötigen, werden wir es vielleicht bedauern, wenn das Glas nur halbvoll mit Wasser ist. Und in anderen Momenten brauchen wir Luft, dann verhält es sich andersherum. Es hängt also immer vom Kontext ab, ob ein Glas glücklicher- oder bedauerlicherweise halbvoll mit Wasser ist. Genauso ist auch ein Verhalten nicht per se schlecht, sondern es ist immer die Frage, aus welcher Perspektive wir darauf schauen und welche Bewertung wir vornehmen.

Lass uns als Beispiel einmal Hauen, Beißen, Kratzen nehmen: Viele Eltern bringen ihren Kindern bei, dass sie keines davon tun sollten. Wenn jedoch die Teenagertochter nachts von einem Fremden bedrängt wird, sind dieselben Eltern heilfroh, wenn sie sich mit Hauen, Beißen und Kratzen zur Wehr setzen kann.

Hast du Lust, diesen Perspektivwechsel auszuprobieren? Dann mach dir gern eine Liste mit Verhaltensweisen deines Kindes, die dich triggern, aber nicht komplett zur Weißglut bringen. Frage dich anschließend: Wenn alles auch anders gesehen werden kann, was wären dann die Qualitäten dieses Verhaltens? Was kann ich an der Verhaltensweise schätzen oder sogar bewundern? Wo traut sich mein Kind etwas, das ich mir selbst nie zugestehen würde? Notiere dir die Antworten und beobachte im Alltag, was dieser Perspektivwechsel mit dir macht und ob sich deine Reaktionen dadurch verändern.

3. Erziehungstipps sind wie Abnehmtricks – der Jo-Jo-Effekt ist garantiert

Unsere Tochter konnte richtig krasse Wutanfälle haben – wegen irgendwelcher Kleinigkeiten, du kennst das wahrscheinlich: Das Brot falsch durchgeschnitten, die Naht der Socke drückt, der Waschlappen beim Haarewaschen kratzig usw. Was haben wir nach Wegen gesucht, wie wir sie in diesen Momenten begleiten und was wir tun können, damit sie diese Wut nicht mehr entwickeln muss. Und natürlich waren solche Situationen für uns alle super anstrengend. Ruhig zu bleiben, während ein kleiner Giftzwerg all deine roten Knöpfe drückt, ist eine echte Herausforderung. So, als versuchte man, während eines Wolkengusses trocken zu bleiben …

Dabei dachte ich eigentlich, ich müsste es wissen. Mit meinem Background als Diplom-Pädagogin, zahlreichen Zusatzausbildungen und meinen praktischen Erfahrungen in Kitas. Aber Pustekuchen, dem war nicht so. Jeder Tipp, jeder Ratschlag, den

Bernd und ich umgesetzt haben, hatte etwa eine Halbwertzeit von zwei Wochen. Auch bei Ideen, die uns wirklich angesprochen haben, erlebten wir, dass sie nur kurzzeitig für Entlastung sorgten und sich die Probleme nur verlagerten. Unsere Tochter explodierte dann eben in anderen Situationen, aber die Wutanfälle an sich waren weiterhin Teil unseres Alltags.

Vielleicht kennst du das aus anderen Lebensbereichen, zum Beispiel bei dem Wunsch, dein Gewicht zu reduzieren. Vielleicht hast du schon die ein oder andere Diät ausprobiert und damit womöglich auch etwas abgenommen. Aber konntest du dein Gewicht auch auf Dauer halten? Vermutlich nicht.

WARUM IST DAS SO?

Mit unserem heutigen Wissen erscheint das so logisch. Denn ein Tipp wird dann weitergegeben, wenn er für den Tippgeber funktioniert hat. Weil er genau zu dieser Familie, zu diesem Kind, zu diesen Eltern passte. Das bedeutet aber noch lange nicht, dass er auch zu dir und euch passt. Deshalb wollen wir euch mit diesem Buch befähigen, eure eigene Wahrheit zu entwickeln, basierend auf Wertschätzung, Liebe und Klarheit. Wir wollen dir zeigen, wie du zu einer intuitiv gemeckerfreien Person wirst. Genau wie niemand mit einer Diät dauerhaft abnimmt, kannst du mit Erziehungstipps kein langfristig glückliches Familienleben gestalten. Was funktioniert, ist, zu einer natürlich schlanken Person zu werden, die fühlt, welche Nahrung ihr Körper wann benötigt, die nur bei Hunger isst, sich dabei optimal mit Nährstoffen versorgt und spielend leicht ihr Gewicht hält. Kalorienzählen, Diäten oder sonstige Methoden sind dann überflüssig. Genauso verhält es sich, wenn du #gemeckerfrei® wirst. Du entwickelst dich dabei zu einer Person, die intuitiv weiß, welche

Reaktion euch als Familie gerade guttut. Du hast die Qualität der Beziehungen im Blick und kannst voller Leichtigkeit all eure Bedürfnisse austarieren, du kannst liebevoll und klar zugleich sein. Euer liebevolles Miteinander tut euch allen gut und entwickelt sich zum Selbstläufer. Vorbei sind die Zeiten, in denen du abends ratlos und traurig im Bett lagst.

REALITÄTSCHECK

- Hast du schon einmal versucht, mit standardisierten Methoden ein erfülltes Familienleben zu kreieren?

- Wenn ja: Wie erfolgreich warst du damit?

- Wie sehr setzt du dich dadurch noch zusätzlich unter Druck?

- Wie oft tust du Dinge, die gut sein sollen, sich für dich aber nicht stimmig anfühlen?

- Was meinst du: Ist es an der Zeit und hast du Lust, neue Wege zu gehen und intuitiv und natürlich #gemeckerfrei® zu werden?

Nimm dir Zeit für die obigen Fragen und mach dir zunächst klar, wo du hinwillst. Statt zu formulieren, was du nicht mehr haben möchtest, beschreibe, wie du dir deinen gemeckerfreien Alltag vorstellst. Denn niemand wird natürlich schlank, indem er sich darüber ärgert, dick zu sein. Du allein entscheidest, natürlich schlank sein zu wollen, malst dir das aus, fühlst dich schon so, als wärst du am Ziel, und IN DER FOLGE wirst du Gewicht verlieren. Genauso funktioniert es auch, wenn du #gemeckerfrei® werden willst.

Mal dir dazu deinen liebevollen, gemeckerfreien Familienalltag in allen Farben aus. Stell dir vor, wie schön es sein wird, wenn sich alles stimmig anfühlt. Wie erfüllt ihr seid und wie sehr ihr euer Zusammensein als ein gemeinsames Geben und Nehmen genießt. Schreibe dir diese Vision auf und sprich sie dir als Audiodatei auf dein Smartphone und höre sie dir einmal am Tag an.

4. Dein Kind verhält sich merk-würdig, damit du es be-merkst

Wir alle kennen die Momente, in denen wir unsere Kinder einfach nicht verstehen. In denen wir vollkommen überfordert sind. Gerade war alles noch in Ordnung und im nächsten Moment brennt die Bude und das Kind ist ein Bündel überschäumender Emotionen. Zunächst stehen wir ratlos daneben, dann drückt das Kind all unsere roten Knöpfe, wir werden selbst zum HB-Männchen und würden das Kind am liebsten auf den Mond schießen. Wir ziehen jeden jemals gehörten Tipp wie Asse aus dem Ärmel und wenn das nicht reicht, kommen die alten Sätze, die wir schon als Kinder nicht leiden konnten: Wenn … dann … und jetzt ist Schluss und du tust jetzt … Solche Momente sind, so blöd das auch ist, ganz normal! Du bist weder eine schlechte Mama, ein schlechter Papa noch hast du als solche oder solcher versagt. Es gehört zum Elternsein dazu, dass dich deine Kinder an deine Grenzen bringen – und darüber hinaus. Es macht dich menschlich und lässt dich heilen.

Unsere Kinder kommen zu uns, um unsere innere Welt weiter – also größer – zu machen. Sie zeigen uns, dass es viele verschiedene Wege gibt, das Leben zu erfahren. Wenn wir uns darauf einlassen, können wir durch unsere Kinder erkennen, dass es kein Richtig und kein Falsch gibt, sondern dass die Realität immer individuell ist und jeder von uns die Welt durch seine ganz eigene Brille wahrnimmt. Wir alle kennen das in Bezug auf unser Wärmeempfinden: Jeder nimmt die Umgebungstemperatur anders wahr, für manche ist es warm, für andere kalt. Oder frag fünf Leute, welche Farbe unser Buchcover hat. Du wirst auf jeden Fall mehrere unterschiedliche Antworten bekommen. Gerade wenn du mehrere Kinder hast, wirst du immer wieder damit herausgefordert sein, dass deine Kinder sich höchst unterschiedlich verhalten. Weil du aber jedes deiner Kinder liebst, kannst du nicht das eine Verhalten als gut, das andere Verhalten als falsch bewerten, sondern du musst Wege finden, dein eigenes Bewertungssystem zu erweitern. Zumindest ist uns das so ergangen.

Kinder, die so sind wie wir selbst, die sich entsprechend unseren Erwartungen verhalten, empfinden wir als angepasst. Sie stören unseren Alltag nicht und erfreuen unser Herz. Das Zusammenleben mit angepassten Kindern erfordert in der Regel weniger Aufmerksamkeit von uns. Nehmen wir beispielsweise ein Kind, das gut in der Schule ist, mittags ohne Aufforderung die Hausaufgaben macht und danach seinen Hobbys nachgeht und mit Freunden spielt. Dieses Kind läuft viel eher Gefahr, unter dem Radar zu verschwinden, als ein Kind, das trotz x-facher Aufforderung nicht mit den Hausaufgaben beginnt, dann bemerkt, dass es das Heft in der Schule vergessen hat, stundenlang Löcher in die Luft starrt und irgendwann so frustriert ist, dass es das

Buch vom Tisch fegt. Mit diesem Kind sind wir als betreuendes Elternteil wesentlich intensiver beschäftigt. Es fordert uns stärker und weckt mitunter Gefühle in uns, von denen wir gar nicht wussten, dass wir sie fühlen können.

Verhaltensweisen unserer Kinder, die nicht unseren Erwartungen oder Wunschvorstellungen entsprechen, bezeichnen wir als komisch oder merk-würdig. Folglich führt ein solches Verhalten immer dazu, dass wir das Kind eher be-merken. Dabei spielt es keine Rolle, ob es sich um positive oder negative Aufmerksamkeit handelt.

Unsere Kinder wollen genau wie alle Menschen gesehen und gewürdigt werden. Sie wünschen sich nichts sehnlicher, als in ihrer Individualität geschätzt zu werden und mit all ihren Eigenschaften ein wertvolles Mitglied unserer Gesellschaft zu sein. Um überleben zu können, müssen sie sich in ihrer Familie zugehörig fühlen können. Dieses Gefühl von Zugehörigkeit entwickelt sich bei jedem Kind anders. Es kann beispielsweise sein, dass du den Eindruck hast, alles für dieses Kind zu tun, und es selbst sich dennoch nicht so wahrgenommen und zugehörig fühlt, wie es dies für sein Wachstum benötigt.

«Wie funktioniert diese Welt? Was muss ich tun, um dazuzugehören? Was wird von mir erwartet?» – das sind Fragen, die sich alle Kinder unbewusst stellen. Und die Antworten erhalten sie, indem sie uns und unsere Reaktionen beobachten. Durch diese Beobachtung lernen sie, dass die Intensität unserer Reaktion zunimmt, wenn sie Verhaltensweisen zeigen, die uns als Eltern herausfordern. Je intensiver unsere emotionale Reaktion, umso mehr fühlt sich das Kind wahrgenommen und mit dir verbunden. Auch oder gerade, wenn wir negative Gefühle entwickeln. Denn negative Emotionen lassen uns authentischer sein als positive Gefühle.

Kinder entwickeln folglich für uns anstrengende Verhaltensweisen, wenn sie anders nicht zu uns durchdringen. Dein Kind will dich weder provozieren noch ärgern, es sucht einfach nur nach einem Weg, von dir gesehen und gewürdigt zu werden. Ein Kind, das durch anstrengende Verhaltensweisen auffällt, hat gelernt, dass es eine intensivere Zuwendung von dir bekommt, wenn es deinen Vorstellungen und Erwartungen nicht entspricht.

ÜBERPRÜFE DAS GERN FÜR DICH:

- Kennst du solche Momente wie die oben beschriebenen?

- Kannst du fühlen, dass dein «schwieriges» Kind einfach nur gewürdigt und gesehen werden will?

- Kannst du anfangen zu glauben, dass dieses Kind dich weder provozieren noch ärgern will?

Wenn du diese Fragen zumindest zum Teil mit einem leisen Ja beantwortest, kannst du die folgenden Schritte gehen:

1 Erkenne die gute Absicht deines Kindes und trainiere, ruhig zu bleiben. Das Fingermudra «Frieden beginnt in mir» kann dir dabei gute Dienste leisten. Tippe dazu mit dem Daumen alle Finger einer Hand an und sage jeweils ein Wort. Daumen – Zeigefinger: Frieden, Daumen – Mittelfinger: beginnt, Daumen – Ringfinger: in, Daumen – kleiner Finger: mir.

Wiederhole das Fingermudra so lange, bis du innerlich ruhig wirst. Denn solange du dich vom Verhalten deines Kindes auf die Palme bringen lässt, vermittelst du dem Kind, dass genau dieses Verhalten im Sinne der Zugehörigkeit super erfolgreich ist. Und es wird einen Teufel tun, sein Verhalten aufzugeben, denn niemand ändert ein Verhalten, das funktioniert.

2 Bemerke dein Kind in anderen Momenten. Schenke ihm deine Aufmerksamkeit und erlebe intensive positiv-emotionale Zeiten mit ihm, so dass es zu dir durchdringen kann, ohne dir auf den Nerv zu gehen. So kann es sich durch positive Gefühle mit dir verbinden und sich zugehörig fühlen.

5. Warum dein Bauchgefühl dich in die Irre führen kann

Wir alle kennen das berühmte Bauchgefühl, unsere Intuition, die Fähigkeit, ohne nachzudenken zu wissen, was sich stimmig anfühlt und was nicht. Sich vom Gefühl leiten zu lassen. Viele Eltern – vor allem Mamas – meinen, intuitiv zu wissen, wie sie ihre Kinder am besten begleiten. Wären wir alle noch mit uns selbst verbunden und hätten Zugang zu unserer Intuition, würden Bernd und ich zustimmen. Deshalb möchten wir hier auf jeden Fall betonen, dass wir bei #gemeckerfrei® natürlich große Fans des Bauchgefühls sind. Allerdings beobachten wir auch, dass die allermeisten Menschen den Zugang zu ihrer wahren Intuition verloren haben. Sie glauben, sie würden auf ihr Bauchgefühl hören, aber in Wahrheit werden sie von inneren Programmierungen, einschränkenden Glaubenssätzen und emotionalen Blockaden gesteuert. Das ist der Grund dafür, warum sich ein Großteil unserer Arbeit bei #gemeckerfrei®

darum dreht, die Herzen wieder zu öffnen, sich dem Leben hinzugeben und die eigene Intuition zum Leben zu erwecken. Denn bei den meisten Menschen ist die Intuition verschüttet, vergraben oder wird überlagert von Glaubenssätzen und inneren Programmierungen. Wenn beispielsweise deine Mama immer ängstlich war, dann ist die Wahrscheinlichkeit groß, dass du dieses Verhalten unbewusst übernommen hast. Wenn eine große Entscheidung ansteht oder dein Kind etwas Neues wagen möchte, zieht sich dein Bauch zusammen und du interpretierst dies so, dass deine Intuition dich warnen will. Dass Gefahr droht und es besser wäre, dieses Erlebnis zu vermeiden. Dabei drückt sich mit diesem Bauchgefühl nicht deine Intuition aus, sondern deine innere Prägung auf Ängste. Hältst du diese Reaktion für Intuition, bleibst du im Status quo – in deiner Komfortzone – stecken und im Umgang mit deinen Kindern entstehen unnötige Missverständnisse. Denn deine Kinder fühlen den Unterschied zwischen echter Intuition und erlernten Programmierungen. In der Folge erleben sie dich als inkongruent, verstehen dich nicht und stellen deine Entscheidungen infrage, weil die Ängste deiner Mama erstmal keine Relevanz für sie haben. Wenn sie wieder und wieder erleben, dass du dein Handeln an diesen Ängsten ausrichtest, werden sie diese Ängste irgendwann für real halten und vielleicht dieselbe unbewusste Programmierung entwickeln. Am Ende kann also das sogenannte Bauchgefühl auf Muster zurückgehen, die bereits von deiner Ururgroßmutter entwickelt wurden. Wir sind der Meinung, dass es Zeit ist, diese alten, übernommenen Programmierungen zu überwinden.

Dieses sogenannte Bauchgefühl nennen wir der Einfachheit halber ab sofort «falsches Bauchgefühl» – im Unterschied zur «echten Intuition». Doch wie erkennst du, ob es sich um deine echte Intuition, wenn du so willst, eine Botschaft deiner Seele, oder um ein falsches Bauchgefühl handelt?

Wann immer das falsche Bauchgefühl die Bühne betritt, entsteht ein angenehmes Gefühl. Dein Kind will mit Vierzehn beispielsweise allein in die Stadt fahren und du merkst, wie sich bei der Vorstellung alles in dir verkrampft. Dein Bauchgefühl schlägt Alarm, du verbietest deinem Kind zu fahren und sofort entspannt sich dein gesamtes System. Dein Verstand hat Tausend Argumente, weshalb diese Entscheidung richtig ist. Dadurch und durch die innerliche Entspannung gehst du davon aus, die richtige Entscheidung getroffen zu haben. Dabei handelt es sich um eine klassische Fehlinterpretation.

Der Grund dahinter ist die ökonomische Funktionsweise unseres Gehirns. Es mag keine Veränderungen, weil jede Neuerung Energie kostet. Um Energie zu sparen, belohnt uns unser System folglich, wenn alles so bleibt, wie es ist. Es lässt uns entspannen. Das angenehme Gefühl, wenn du gewohnte Entscheidungen triffst, ist folglich weniger ein Bauchgefühl als ein durch deine Gehirnökonomie erzeugter Zustand.

Dass deine echte Intuition die Bühne betritt, erkennst du daran, dass eine Entscheidung ein intensives Gefühl in dir auslöst. Und diese Emotion kann sich auf unterschiedliche Weise ausdrücken. Folgst du deiner echten Intuition, kann es sein, dass du innerlich kribbelig, voller positiver Vorfreude, angeregt und vielleicht sogar ekstatisch bist. Du fühlst dich im guten Sinne lebendig. Oder die Lebendigkeit drückt sich durch negative Emotionen aus. Dann kann es sein, dass du aufgeregt bist, Übelkeit in dir aufsteigt, dir vor Angst schummrig wird, je nachdem welches Muster getriggert und überwunden wird. Wenn du also deinem vierzehnjährigen Kind erlaubst, in die Stadt zu fahren, fühlst du dich vielleicht angespannt und bist total aufgeregt. Dennoch lässt du es zu – vielleicht, weil du den Realitätscheck aus Kapitel 26 gemacht und gemerkt hast, dass du nur deinen alten Mustern folgen würdest, wenn du es verbietest. Also überwindest du deine alten Programmierungen und lässt deine echte Intuition auf die Bühne. Statt dein Kind mit deinen emotionalen Altlasten zu behelligen, hältst du all die Gefühle aus, die dein System erschafft. Sagst Ja zu jedem Gefühl und realisierst mehr und mehr, dass hinter der Angst genau eine Sache passiert – nämlich nichts.

Lass mich noch einmal zusammenfassen: Dein falsches Bauchgefühl erzeugt angenehme Gefühle und Entspannung, während die echte Intuition starke Emotionen hervorruft, die entweder ins Positive oder Negative ausschlagen.

Beobachte dich in deinem Alltag und nimm beide Qualitäten mehr und mehr wahr. Wann immer du deiner echten Intuition folgst, hast du die Hinweisschilder deiner Seele verstanden. Dein Gefühl ist intensiv und der Kopf wird ruhiger und ruhiger, je öfter du die Erfahrung machst, dass du deiner echten Intuition vertrauen kannst.

6. Wie du eigene Kindheitserfahrungen loslassen kannst

Ganz gleich, ob du eine glückliche Kindheit hattest oder nicht, es war die beste und einzige, die du haben konntest. Und du hast sie überlebt, dir geht es heute so gut, dass du selbst Kinder und sogar Zeit hast, dieses Buch zu lesen. Genau wie du die beste Mama oder der beste Papa für deine Kinder bist, haben auch deine Eltern ihr Bestes gegeben. Genau wie wir mit unseren Kindern aus Unwissenheit oder Überforderung Fehler machen, haben auch deine Eltern Fehler gemacht. Es ist einfach menschlich, nicht perfekt zu sein. Und ich finde, wir dürfen immer auch im Blick behalten, zu welcher Zeit wir Kinder waren. Vor welchen Herausforderungen unsere Eltern standen und was sie alles geleistet haben, um uns eine schöne Kindheit zu ermöglichen. Und selbst wenn du aus deiner Erfahrung heraus sagst, dass es sich deine Mama oder dein Papa sehr leicht gemacht haben, dann sei dir bewusst, dass wir alle unsere Kinder lieben wollen – auch deine Eltern. Wann immer das nicht gelingt, hat das damit zu tun, dass wir mit Erlebnissen konfrontiert waren, die wir nur überleben konnten, indem wir unser Herz verschlossen haben. Vielleicht war das bei deinen Eltern der Fall. Ich mache mir auch immer wieder bewusst, dass meine Eltern noch viel direkter von den Folgen des Zweiten Weltkriegs betroffen waren als ich, denn alle meine Großeltern haben den Krieg aktiv miterlebt. Ich mag mir weder ausmalen noch vorstellen, wie traumatisiert meine Großväter aus dem Krieg oder der Gefangenschaft gekommen sind und welche Auswirkungen das auf ihre Kinder hatte. Von daher bin ich unendlich dankbar für meine Eltern und dafür, dass sie mir das Leben geschenkt haben. Vielleicht magst du diese Perspektive für dich einmal ausprobieren. Sie schenkt so viel Frieden. Mehr dazu in Kapitel 7.

Als Übung möchte ich dich einladen, deinen Eltern einen Brief zu schreiben. Formuliere, wofür du ihnen dankbar bist, was du an ihnen magst oder schätzt. Sollten sie nicht mehr leben oder ihr gerade keinen Kontakt haben, kannst du den Brief nach dem Schreiben auch verbrennen. Sei gewiss, dass die Botschaft ankommt. Außerdem geht es bei dieser Übung an dieser Stelle um dich. Dass du deine Eltern damit womöglich erfreust, ist ein positiver Nebeneffekt.

Die eigenen Kindheitserfahrungen loszulassen, bedeutet auch, zu reflektieren, in welchen Situationen du von der Vergangenheit beeinflusst oder getriggert wirst. War dein Vater zum Beispiel jähzornig, wirst du alles tun, um genau dieses Verhalten zu vermeiden. Weil du aber keinen Frieden damit geschlossen hast, erreichst du das genaue Gegenteil: Der Jähzorn ist als Gespenst immer dabei. Du traust dich vielleicht nicht, deinem Kind klare Ansagen zu machen, aus Sorge, du könntest dich im Ton vergreifen. Oder du willst so gern eine liebevolle Beziehung zu deinen Kindern, dass du ihnen alles durchgehen lässt, um dann in Stressmomenten doch auszuflippen und jähzornig zu reagieren.

Reflektiere deinen Alltag, um herauszufinden, in welchen Momenten dein Verhalten von deinen Kindheitserfahrungen geprägt ist. Ich zum Beispiel fand Eltern, die Mittagsschlaf hielten und nicht gestört werden wollten, so unfassbar öde, dass es für mich lange keine Option war, mich hinzulegen, während die Kids um mich waren. Oder wenn es bei dir zu Hause sehr ordentlich war, dann wirst du diesen Wert entweder für dich übernehmen und dann ist Ordnung oft wichtiger als das Wohlergehen aller Beteiligten. Oder du hast diese Ordnung als total übertrieben empfunden und nun herrscht bei euch vielleicht mehr Chaos, als allen guttut, nur weil du nicht als Spießer gelten willst.

Üblicherweise reagieren unsere Kinder auf all diese durch die Vergangenheit getriggerten Verhaltensweisen mit ihrerseits auffälligem Verhalten – einfach, weil sie merken, dass wir an diesen Punkten nicht kongruent und echt sind, sondern durch übernommene Muster gesteuert werden. Es anders zu machen als die eigenen Eltern ist übrigens genauso erlernt, wie deren Verhalten zu wiederholen. Beides ist nicht aus freien Stücken, sondern in Abhängigkeit zu den eigenen Erfahrungen entstanden.

Du kannst folglich auch Situationen, in denen es mit einem deiner Kinder immer wieder anstrengend ist, einfach einmal daraufhin überprüfen, ob in den Verhaltensweisen ein Wert oder ein Muster aus deiner Kindheit erkennbar ist. Steig allerdings nicht zu tief in die Analyse ein, denn am Ende des Tages bedeutet #gemeckerfrei® zu werden auch, mit den Aspekten zu arbeiten, die da sind. In dem Wissen, dass sich all das offenbart, was du bereit bist zu sehen.

7. Frieden schließen mit der eigenen Vergangenheit

Wir stolpern nicht über unsere Vergangenheit, wir stolpern nur, weil wir ständig zurückschauen. Dabei haben all unsere Erlebnisse aus der Vergangenheit eines gemeinsam: Sie sind vorbei. Und die Vergangenheit beginnt immer jetzt. Es macht weder Sinn, dir dein Leben zu vermiesen, indem du dich immer wieder mit deinen Kindheitserfahrungen quälst, noch dich selbst zur Schnecke zu machen, weil du kürzlich nicht die Mama oder der Papa warst, die oder der du gern gewesen wärst. Vergangenes kannst du nicht ändern. Solange du innerlich in diesen Ereignissen verhaftet bist, hältst du die Vergangenheit lebendig. Du denkst Gedanken und fühlst Emotionen, die dir nicht guttun, dann immer und immer wieder. Deshalb ist es auch ein Trugschluss, zu glauben, anderen zu vergeben wäre ein Liebesdienst gegenüber dem anderen. Wir verzeihen in erster Linie für uns selbst. All die ungelösten Themen aus der Vergangenheit, die wir wiederkäuen, erzeugen Härte und Gift in uns selbst. Sobald wir vergeben, können wir die Vergangenheit loslassen. Zu verzeihen und Frieden zu schließen mit der eigenen Vergangenheit, lässt uns milde und stark zugleich werden.

Vielleicht bist du angesichts deiner bisherigen Erfahrungen der Meinung, es wäre zu viel vorgefallen, die Wunden wären zu tief oder du wärst noch nicht bereit zu verzeihen. Dann lass mich dir etwas erzählen: Bernd und ich waren in unzähligen Momenten nicht die Eltern, die wir gern sein wollten. Wir haben vieles falsch gemacht. Gleichzeitig sind wir beide unfassbar demütig und dankbar, dass unsere Kinder unser Verzeihen und unser Bedauern angenommen haben. Dass wir all diese Erlebnisse als Teil unserer Geschichte gemeinsam betrachten und loslassen konnten. Und das dient uns allen gleichermaßen.

Gleichzeitig leben wir vor, dass es menschlich ist, Fehler zu machen. Jeder einzelne Moment, den ich als Mama eines meiner Kinder erlebe, ist neu. Ich bin in jedem einzelnen Moment neu die Mama dieses einen Kindes in genau jenem Alter. Ich kann nicht wissen, was richtig und was falsch ist, weil ich noch nie in genau derselben Situation gewesen bin. Selbst wenn es das vierte Kind ist, das nachts Angst vor Monstern oder keine Lust auf Gemüse hat, ist es dennoch ganz anders als bei den größeren Kids. Ich kann nur immer und immer wieder mein Bestes geben. Das mache ich und das ist genug. Genauso wie es bedeutsam ist, anderen – zum Beispiel deinen Eltern oder deinem (Ex-)Partner – zu vergeben, so wichtig ist es auch, dir selbst immer wieder zu vergeben. Deine Ansprüche an dich herunterzuschrauben und zu erkennen, dass du stets dein Bestes gibst.

Um nachhaltig Frieden schließen zu können, nutzen wir gern das hawaiianische Vergebungsritual Ho'oponopono in einer von uns abgewandelten Version. Denke dafür an eine Situation, eine Person oder ein Erlebnis, das du loslassen möchtest, und wiederhole folgende Sätze:

1. Ich bin Bedauern.
2. Ich bin Verzeihen.
3. Ich bin Liebe.
4. Ich bin Dankbarkeit.
5. Ich bin Vertrauen.

Wiederhole diese Sätze in der angegebenen Reihenfolge über einen längeren Zeitraum, auf jeden Fall so lange, bis du merkst, dass es dir leichter ums Herz wird, sich deine Stimmung verändert und du gelöster wirst. Ich sage mir diese Sätze oft wie ein Mantra während einer Autofahrt oder beim Bügeln, Kochen etc. auf. Denn manchmal ist unser Verstand ein bisschen zickig. Obgleich wir fühlen oder rational verstehen, dass Verzeihen und Frieden schließen sinnvoll wäre, gibt es doch einen Teil in uns, der das eben gar nicht einsieht. Diesen inneren Stimmen kannst du einfach mit Wiederholungen begegnen, irgendwann geben sie klein bei. Probier es gern aus.

Was vielen unserer Teilnehmer auch immer wieder hilft, ist, sich bewusst zu machen, dass recht haben zu wollen und im Unfrieden zu leben sie ja genau in die Situation gebracht hat, die sie jetzt verändern wollen. Also hat nicht zu verzeihen bisher nicht funktioniert. Demnach wäre es doch ziemlich clever, neue Wege auszuprobieren.

Viel Freude dabei!

8. Schmeiß die Mans ins Klo!

Man macht dies, man macht das beziehungsweise macht man dies oder jenes nicht. Niemand weiß, wer dieser ominöse Herr oder diese ominöse Frau Man ist, aber jeder beruft sich darauf. Nur wo kommen sie denn eigentlich immer her, diese Mans? Und sind die irgendwie von Nutzen?

Wie du dir bei der Überschrift schon denken kannst, plädieren wir für ein Leben ohne Mans. Und zwar aus verschiedenen Gründen. Lass es mich dir erläutern.

Viele Menschen nutzen «man», um ihre Meinung, ihren Standpunkt oder ihr Handeln zu legitimieren. «Man kaut nicht mit offenem Mund.» Durch das «man» muss ich nicht selbst Position beziehen. Ich muss nicht sagen: «Hör mal, mich stört es, wenn du mit offenem Mund kaust!» In der Folge muss ich auch nicht darum bitten, dass das Kind es ändert. Stattdessen nutzen wir «man» und tun so, als gäbe es Regeln und Wahrheiten, die allgemeingültig sind und an die sich jede und jeder zu halten hat. Dabei gibt es ja durchaus Gesellschaften, in denen das laute Kauen und Rülpsen ein Kompliment an die Köchin ist. Jedes Mal, wenn wir als Eltern «man» benutzen, verstärken wir das oft ohnehin schon existente Machtgefälle zwischen Eltern und Kindern. Denn mit einem «man» lässt sich nicht diskutieren. Es kommt wie ein Gesetz daher und das Kind hat in der Regel keine Chance, unseren Standpunkt infrage zu stellen. Kaut das Kind mit offenem Mund und ich sage, dass mich das stört, muss im nächsten Schritt eine Bitte oder ein sogenannter Appell folgen. Wenn ich zum Beispiel frage: «Könntest du bitte damit aufhören?», muss ich allerdings in Kauf nehmen, dass das Kind meiner Bitte nicht nachkommt. Denn Fragen und Bitten zeichnen sich dadurch aus, dass sie verneint oder abgelehnt werden dürfen. Andernfalls ist es ein Befehl, und da du dieses Buch liest, suchst du bestimmt nach Wegen, wie du auf Augenhöhe mit deinem Kind kommunizieren kannst, und dann sind Befehle in den meisten Fällen unangebracht. Mehr dazu in Kapitel 26.

Lass mich noch eine Erklärung anfügen, warum es dienlich ist, die Mans ins Klo zu schmeißen: Wir alle tragen unterschiedliche Ich-Anteile in uns. In der Transaktionsanalyse nennen wir diese Eltern-Ich, Erwachsenen-Ich und Kind-Ich. In jedem Moment entscheiden wir situativ, aus welchem Ich-Zustand heraus wir handeln oder reagieren. Wenn wir aus dem Zustand des Eltern-Ichs heraus agieren, kommen all die Regeln, Überzeugungen und Ansichten zum Tragen, die wir früher von unseren Eltern oder anderen Autoritätspersonen unhinterfragt übernommen haben: Man macht das so! Weil? Weil «man» das so macht!

Wann immer wir aus dem Eltern-Ich mit unseren Kindern interagieren wollen, sind Konflikte vorprogrammiert, denn dein Kind versteht nicht, was du von ihm willst. Deine Eltern oder Lehrer sitzen in deinem Kopf und geben dir vor, was man zu tun oder zu lassen hat. Für ein kleines Kind ist das wie ein Buch mit sieben Siegeln – überhaupt nicht nachvollziehbar. Denn nur weil deine Mama gesagt hat, abends gibt es nichts Süßes, und du das so verinnerlicht hast, dass du die Bitte des Kindes nach einem Honigbrot mit den Worten «Abends isst man nicht süß» abschmetterst, kann dein Kind das noch lange nicht verstehen. Weil wir diese Regeln als Kinder unhinterfragt übernommen haben, fehlen uns die Argumente. Kein Wunder, dass unser Kind dagegen aufbegehrt. Sobald wir in unser Erwachsenen-Ich wechseln, können wir besser herausfinden, was situativ passend ist. So wird dem Kind, das gerade schon drei Eis und siebzehn Bonbons verspeist hat, ein herzhaftes Brot vermutlich besser tun als noch mehr Süßspeisen. Anders mag es bei dem Kind sein, das gerade vom Fußball kommt und den ganzen Tag noch nichts genascht hat. Da spricht womöglich überhaupt nichts dagegen, ein Honigbrot zu essen. Sobald wir im Erwachsenen-Ich-Zustand agieren, können unsere Kinder unser Verhalten nachvollziehen. Das bedeutet nicht, dass sie unseren Standpunkt immer teilen, aber sie können auf Augenhöhe mit uns im Austausch sein.

Du kannst deine Mans aufspüren, indem du dir immer und immer wieder folgende Fragen stellst:

- «Ist das wahr?»

- «Kann ich mit hundertprozentiger Sicherheit sagen, dass das wahr ist?»

Sobald du eine der beiden Fragen nicht voller Überzeugung bejahen kannst, weißt du, dass sich hinter deiner Position ein Man versteckt. Löse dich davon, schmeiß die Mans ins Klo und öffne deinem Kind die Tür zu einem gleichwürdigen Miteinander!

Übrigens kannst du ganz bewusst trainieren, in den Erwachsenen-Ich-Zustand zu wechseln. Liste dafür alle Situationen auf, die du bisher mit einem «man» löst, und frage dich bei jeder einzelnen: Welche Reaktion wäre situativ passender und angemessener? Du wirst feststellen, dass sich dein Verhaltensrepertoire ganz schnell zu verändern beginnt, denn wir haben immer alle drei Ich-Zustände in uns. Und wir können jeden der drei Zustände abrufen, sobald wir ihn uns bewusst machen.[3] Sobald du mehr von dir in der Ich-Form sprichst, statt von «man», wirst du für dein Kind nahbarer. Es kann um ein Vielfaches leichter mit dir in Verbindung gehen und allein dadurch verbessert sich eure Beziehung mit jedem Tag.

Zusätzlich kannst du noch überprüfen, ob du zu den Eltern gehörst, die von sich in der dritten Person sprechen: «Die Mama bringt dir deine Tasche/der Papa kocht das Essen» statt «Ich bringe dir die Tasche/ich koche das Essen». Wenn du diese Gewohnheit bei dir feststellst, empfehlen wir dir, damit so schnell wie möglich aufzuhören. Denn auch das schafft unnötige Distanz und führt dazu, dass dein Kind herausfordernde Verhaltensweisen entwickeln muss, um mit dir in echten Kontakt zu kommen.

9. Der Liebesdienst deines Kindes

In diesem Kapitel möchten wir dich einladen, eine umfassendere und ganzheitliche Sichtweise auf dein Kind und eure Familienbeziehungen einzunehmen. Unserem Grundverständnis nach sind eure Kinder zu euch gekommen, damit ihr als Familie bestimmte Erfahrungen miteinander machen könnt, die euch individuell wachsen lassen. Es ist folglich kein Zufall, dass du die Mama oder der Papa genau dieses Kindes/dieser Kinder geworden bist. Wir gehen sogar so weit zu glauben, dass sich unsere Kinder uns als Eltern ausgesucht haben, weil wir einander guttun und miteinander wachsen können. Wir finden, dass dies ein so friedvoller Gedanke ist, der uns schon viele Male geholfen hat, milder und liebevoller mit uns selbst und unseren Kids zu sein.

Wenn du magst, probiere diese Sichtweise gern für dich aus. Dann wird es dir immer leichter gelingen, das anstrengende Verhalten deines Kindes als Liebesdienst an dir zu betrachten. Was meinen wir damit? Wir gehen davon aus, dass alle Kinder mit weit geöffneten Herzen zur Welt kommen. Im Laufe der Jahre verschließen viele ihr Herz mehr und mehr. Sie verlieren den Zugang zu ihrem intuitiven Wissen und die Melodie ihrer Seele wird überlagert von all dem gesellschaftlichen Lärm, was man wie machen sollte oder müsste. Weil unsere Kinder noch jung sind, ist dieser Prozess bei ihnen noch nicht so weit fortgeschritten wie bei uns Eltern. Dadurch können sie fühlen, welche Verletzungen oder Wunden wir mit uns herumschleppen, wo wir unser Herz verschlossen haben, uns begrenzen und nicht zum Ausdruck bringen. Ich mag dazu folgendes Bild: Stell dir vor, jeder von uns steht sozusagen in einem Kreis – wie in einem Hula-Hoop-Reifen. Jede Enttäuschung, jedes nicht verarbeitete Ereignis, jede seelische Verletzung hinterlässt Spuren in diesem Reifen, sodass unser Kreis nicht mehr rund, sondern eingedellt, verformt oder sonst wie beschädigt ist. Der Kreis unserer Kinder ist noch wesentlich ursprünglicher und dadurch fühlen sie, wo unser Kreis beschädigt ist. In der Folge haben sie zwei Möglichkeiten: Sie können uns nachahmend beginnen, ihrem Kreis Kerben zuzufügen, so wie sie es bei uns erleben. Oder – und das ist das, was die meisten Kinder versuchen – sie geben alles, damit wir unseren Kreis wieder heilen können. Denn sobald unser Kreis wieder seinen Urzustand einnimmt, können unsere Kinder ihren heilen Kreis behalten. Damit das passiert, triggern unsere Kinder all unsere roten Knöpfe. Sie aktivieren jedes Trauma, jedes eingeschlossene Gefühl, jede emotionale Blockade – einfach alles. Im Gegensatz zur landläufigen Meinung tun sie das nicht, um dir zu schaden oder dich zu ärgern, sondern sie wollen dich aus der Reserve locken. Sie wollen – unterbewusst –, dass all das, was du irgendwann unter den Teppich gekehrt hast, ans Licht kommt. Damit du aus deinen Wunden Wunder machen kannst. Dafür nehmen sie sogar in Kauf, deine Wut, deinen Zorn oder deinen Frust auf sich zu ziehen. Sie dienen dir so selbstlos, dass sie sogar deine Anfeindungen, deine Verleumdungen, dein Geschrei oder Gemecker ertragen – nur damit dein Kreis heilen kann. Ich weiß nicht, wie es dir geht, aber mir bereitet diese Erkenntnis jedes Mal aufs Neue Gänsehaut am ganzen Körper und ich werde so dankbar und demütig für diesen Liebesdienst unserer Kinder.

Vielleicht fließen durch diese Sichtweise im ersten Moment auch ein paar Tränen – lass es einfach zu. Du konntest das bisher nicht so sehen, weil dir niemand diese Perspektive eröffnet hat. Das ist nicht schlimm, denn du kannst ab heute anfangen, neu zu schauen. Kinder sind nie nachtragend – ganz im Gegenteil, für sie ist es ja eine unfassbare Freude, wenn ihr Verhalten den – unbewusst – erwünschten Erfolg erzielt. Was, wenn du eben gerade durch dein anstrengendes Kind hier bei #gemeckerfrei® gelandet bist? Dein Kind dich hierher geschubst hat, weil es gefühlt hat, dass wir sein Sprachrohr sein können?

Wenn du magst, setz dich nun an einen ruhigen Ort und fokussiere dich auf dein Herz. Stell dir vor, wie du es wie eine Lotusblüte öffnen kannst und lass Liebe von dir zu deinem herausfordernden Kind fließen. Stell dir dieses Kind vor deinem inneren Auge vor und bedanke dich für all seine Versuche, dir zu helfen. Versprich ihm, dass du die Botschaft verstehst und deinen Kreis heilst, damit es seinen heilen Kreis behalten kann.

10. Haushalt und Kinderbetreuung schließen sich aus

Aus Afrika ist das Sprichwort überliefert, dass «es ein ganzes Dorf braucht, um ein Kind zu erziehen». Da ist viel Wahres dran. Zum einen ist es für alle Kinder inspirierend und hilfreich, wenn sie mitbekommen, dass auch Erwachsene verschieden sein können, dass es nicht die eine Sicht auf die Welt gibt, sondern dass immer viele Wege nach Rom führen. Zum anderen sind wir Eltern oft viel zu hart zu uns selbst. Wir versuchen, übermenschlich zu sein, und pressen das Elternsein in unseren sowieso schon vollen Alltag. Dass dies zu Gemecker und Geschrei führt, ist fast schon unausweichlich. Dabei bist du keine eierlegende Wollmilchsau und musst auch keine werden. Denn das Leben ist weder ein Wettkampf noch ein Schaulaufen, bei dem du irgendwelche gesellschaftlichen Idealbilder erfüllen musst. Ein Haushalt, in dem Kinder leben, kann nicht ordentlich sein. Kein Garten sieht aus wie in den Schöner-Wohnen-Zeitschriften und wir sind uns sicher, dass die ganzen Momfluencer, die ihre Häuser präsentieren, einfach zwei Zuhause besitzen: eines zum Leben und das andere für all die Videos. Ich hoffe, du liest mein zwinkerndes Auge mit, denn es geht wie immer auch an dieser Stelle nicht um eine Bewertung, sondern lediglich darum, dir bewusst zu machen, von welchen Ansprüchen du dich womöglich verrückt machen lässt. Dabei hat auch dein Tag nur 24 Stunden und genau wie alle anderen Menschen benötigt dein Körper Schlaf – umso mehr, solange deine Kids dich nachts noch brauchen. Ich erinnere mich gut daran, wie ich mir jahrelang eingeredet habe, Schlaf wäre überbewertet und es wäre möglich, nur drei oder vier Stunden zu schlafen. Das ist auf Dauer einfach extrem ungesund. Außerdem verhindert zu wenig Schlaf den Zugang zu deiner echten Intuition – du stellst dir auf dem Weg zu deinem gemeckerfreien Alltag also selbst ein Bein, wenn du dir Schlaf verbietest.

Mach eine Liste mit den Dingen, von denen du glaubst, dass du sie unbedingt erledigen müsstest. Lausche dabei den inneren Stimmen, die genau zu wissen glauben, was «man» alles machen muss – weil sonst sofort das totale Chaos ausbricht. Und frage dich auch hier wieder: Ist das wirklich wahr? Kann ich mit 100%iger Sicherheit sagen, dass all die fürchterlichen Dinge passieren, wenn ich etwas unerledigt lasse. Überprüfe anschließend, welche dieser To-dos wirklich überlebensnotwendig sind. Ich hatte Jahre, da habe ich Balkonkästen bepflanzt, um den Nachbarn zu gefallen. Die Zeit hätte ich definitiv besser mit Schlafen verbracht.

Gleichzeitig gibt es den weit verbreiteten Irrglauben, dass derjenige, der sich um die Kinder kümmert, ja sowieso zu Hause ist und folglich auch den Haushalt schmeißen kann. Doch gerade wenn die Kinder noch nicht in der Pubertät sind, ist das einfach eine Lüge. Denn Haushalt und Kinderbetreuung schließen einander in der Regel aus, weil du ständig mit nur einem Teil deiner Aufmerksamkeit bei deinen Kindern und nur mit halbem Fokus beim Haushalt bist. Das ist für alle frustrierend. Bernd und ich haben das für uns so gelöst, dass der eine im Job arbeitet und derjenige, der die Kinder betreut, eben dieser Arbeit nachgeht. Wenn es sich neben der Kinderbetreuung ergeben hat, dass Zeit war, um Wäsche zu falten oder die Küche aufzuräumen, war das für den anderen eine schöne Überraschung, aber es wurde nicht erwartet. Damit löst sich schon viel Druck und Anspannung, weil die Erwartung an das betreuende Elternteil nicht die Hausarbeit miteinschließt.

Natürlich bleiben dann Dinge liegen. Manches ist tolerierbar, anderes erzeugt einfach Stress. Um diesen Stress erst gar nicht entstehen zu lassen, wollen wir dich ermutigen, dir frühzeitig Unterstützung zu suchen. Ob das Freunde oder Verwandte sind oder ob du dir entsprechende Dienstleistungen einkaufst, spielt keine Rolle. Bernd und ich hatten zum Beispiel schon eine Putzfrau, als wir noch wirklich wenig Geld hatten. Wir haben uns das Honorar für diese drei Stunden pro Woche wirklich abgespart. Sind nicht essen gegangen, nicht weggefahren, haben sehr einfach gelebt. Die Begleitung von Kindern ist per se anstrengend genug, da wollten wir uns nicht wegen Haushalt, Wäsche, Garten oder sonstigen To-dos verrückt machen oder womöglich streiten. Einer unserer Freunde hat das schön auf den Punkt gebracht: Sobald es weniger kostet, jemand anderen zu bezahlen, als du selbst in derselben Zeit erwirtschaften kannst, grenzt es an Irrsinn, diese Dinge selbst zu tun. Vorausgesetzt, es ist nicht deine Lieblingsbeschäftigung.

Wir werden nicht müde, diesen Punkt immer wieder zu wiederholen, denn wir erleben so viele Mamas, die sich keine Unterstützung erlauben, die glauben, eine gute Mutter würde das hinbekommen oder die sich nicht vorstellen können, andere für sich arbeiten zu lassen. Sie lassen dabei unberücksichtigt, dass sie damit einem anderen Menschen die Möglichkeit geben, sich wertvoll zu fühlen und Geld zu verdienen.

Mach Nägel mit Köpfen: Was machst du nicht gern? Und welche Themen führen bei euch immer wieder zu Stress, der gar nicht erst entstünde, wenn jemand anders die Aufgabe für euch erledigt?

11. Wie du nichts mehr persönlich nimmst

Lass uns ehrlich sein: Die meisten von uns wissen schon, dass es hilfreich wäre, nicht alles persönlich zu nehmen – und dennoch ist es oft so unfassbar schwer. Deshalb nehmen wir dich in diesem Kapitel an die Hand und schauen gemeinsam, was da eigentlich passiert, wenn du etwas persönlich nimmst, und wie du es verändern kannst. Denn Tipps wie «Atme tief ein, geh aus dem Zimmer und beruhige dich» kennst du selbst. Die hast du bestimmt schon hundertmal irgendwo gehört, gelesen oder ausprobiert. Wenn es tatsächlich so einfach wäre, es nicht persönlich zu nehmen, wenn dich jemand anzugreifen versucht, dann hättest du das schon längst selbst hinbekommen.

Angenommen, du bittest dein zehnjähriges Kind, die Spülmaschine auszuräumen. Dein Kind explodiert aus dem Nichts: «Das kannst du knicken! Wer bin ich eigentlich? Immer soll ich alles machen. Du bist die blödeste Mama/der blödeste Papa auf der ganzen Welt. Du bist so gemein.» Angesichts einer solchen Tirade ist es schwer, ruhig zu bleiben und den Ball, den uns das

Kind vor die Füße knallt, nicht aufzunehmen. Doch genau darum geht es: darum, den Ball nicht zu fangen, sondern an dir abprallen zu lassen. Denn du entscheidest, welche der Bälle, die dir zugeworfen werden, du überhaupt bereit bist zu fangen. Sobald du entscheidest, nichts mehr persönlich zu nehmen, werden eine Menge Bälle an dir abprallen. Wie das funktioniert?

Als Erstes benötigst du die Fähigkeit zur Dissoziation. Im Unterschied zur Assoziation kannst du dann die Situation von außen betrachten. Verabschiede dich von der Idee, immer sofort reagieren zu müssen. Auch wenn das Kind laut wird, rumbrüllt oder ausflippt, bleibe in der Beobachterposition: «Aha! Ich höre Geschrei. Das ist mein Kind.» Beobachte, wie der Ball auf dich zufliegt, und mach dir bewusst, dass er dir nichts anhaben kann, solange du ihn nicht fängst. Wenn es dir hilft, stell dir vor, dass du wie ein Eishockeyspieler Schutzkleidung trägst, sodass wirklich keine Gefahr droht.

Wenn du den Ball hast abprallen lassen, kannst du im nächsten Schritt genauer hinhören. Im Beispiel mit der Spülmaschine sagt dein Kind hinter all dem Geschimpfe nämlich, dass es der Meinung ist, dass deine Bitte unangemessen ist. Dass es das Gefühl hat, immer helfen zu müssen, und das gemein findet. Damit ist der Weg vorbereitet, um Verständnis für dein Kind zu entwickeln. Denn niemand meckert ohne Grund oder ohne selbst in Not zu sein.

Du könntest dein Kind beispielsweise fragen:

- «Verstehe ich dich richtig, dass es dir gerade zu viel ist und du es unfair findest, dass ich mir wünsche, dass du die Spülmaschine ausräumst?»

- «Kann ich dich irgendwie unterstützen, damit es dir besser geht?»

Gerade wenn du den Ball bislang immer gefangen und mit Schimpfen reagiert hast, wird dein Kind mehr als überrascht sein, wenn du auf diese Weise Verständnis zeigst. Denn damit entscheidest du dich für die Beziehung statt dafür, recht haben zu wollen. Und natürlich bedeutet das nicht, dass du die Spülmaschine nun immer selbst ausräumen musst. Sobald dein Kind seine innere Balance wiedergefunden hat, könnt ihr gemeinsam Wege finden, wie sowohl dein Wunsch nach Unterstützung als auch die Bedürfnisse deines Kindes erfüllt werden können.

Um fortan Dinge nicht mehr persönlich zu nehmen, verlerne ab sofort einfach zu fangen. Unterdrücke den Reflex und lass alle Angriffsbälle einfach an dir abprallen. Du wirst erstaunt sein, wie viel leichter dein Leben dadurch wird.

12. Dein Kind ist nie gegen dich, sondern immer für sich

Irgendwann in der Geschichte der Menschheit ist die Idee entstanden, dass wir gegeneinander kämpfen müssen. Dass es unser Ziel ist, einander zu schaden, und jeder von uns vollkommen egoistisch nur sein eigenes Wohlergehen im Blick hat. Seit Generationen übertragen wir diese Idee auch auf die Eltern-Kind-Beziehungen und glauben, dass unsere Kinder bestimmte Verhaltensweisen zeigen, weil sie uns provozieren, ärgern oder auf die Palme bringen wollen. Wir sind überzeugt, dass unsere Kinder absichtlich ihre Schultasche im Flur liegen lassen, den Müll nicht rausbringen oder dreckiges Geschirr in ihrem Zimmer bunkern. Dass all dies keine Versehen sind, sondern böswillige Verhaltensweisen mit dem Ziel, uns zu sabotieren. Ja, wir glauben sogar, dass unsere Kinder Freude daran haben, uns eins auszuwischen. Aber warum sollen unsere Kinder das anstreben? Schließlich sind sie vollkommen abhängig von uns als Eltern. Uns zu schaden wäre so, als würden sie an dem Ast sägen, auf dem sie sitzen.

Wir glauben, dass die Annahme, unsere Kinder würden sich absichtlich nicht an Absprachen halten oder unseren Erwartungen nicht entsprechen, eine klassische Fehlinterpretation von uns Eltern ist. Genau genommen kümmert sich jedes Kind in erster Linie einfach nur um sich. Es wägt seine Bedürfnisse ab und fokussiert sich auf diese. Es tut sich selbst gut, indem es dafür sorgt, dass seine Bedürfnisse erfüllt werden. Wenn es beispielsweise nach Hause kommt und den Ranzen mitten im Flur abwirft, dann ist das vielleicht einfach nur ein Indiz dafür, dass es gerade wirklich erschöpft ist vom Schultag und dass es in seiner Welt keinen Unterschied macht, wo er steht – besonders weil es den Ranzen später sowieso für die Hausaufgaben braucht. In der Wahrnehmung des Kindes ist das ein energiesparendes und sinnvolles Verhalten. Wenn es dir als Mama oder Papa wichtig ist, dass der Ranzen sofort ins Zimmer gebracht wird, weil euer Flur vielleicht eng ist, du nicht drüber stolpern willst, dich Unordnung nervt etc., dann sind das deine Bedürfnisse, für die du genauso gute Argumente hast wie dein Kind für die seinen. Wenn wir nicht erkennen, dass in solchen Momenten einfach verschiedene Bedürfnisse aufeinanderprallen, sondern davon ausgehen, dass unser Kind uns nicht ernst nimmt oder absichtlich gegen uns handelt, kommen wir in Teufels Küche. Denn wir suggerieren unserem Kind dann, dass unsere Bedürfnisse wichtiger sind als seine und dass es sich – weil es das Kind ist – gefälligst nach uns richten soll. Eine solche Haltung ist aber kein Miteinander, sondern eine Diktatur, die wir versuchen, mit Argumenten zu belegen.

Dein Alltag wird sich um ein Vielfaches entspannen, wenn du davon ausgehst, dass dein Kind viele Dinge, die dir wichtig sind, einfach nicht auf dem Schirm hat. Unsere Kinder haben uns, wenn mal wieder keine Schüsselchen mehr im Schrank waren, so oft erzählt, in ihren Zimmern sei kein dreckiges Geschirr mehr. Wenn wir dann zusammen nachgeschaut haben und welches fanden, kam ein erstauntes «Ooooh» und «Ups, hab ich gar nicht gesehen». Kinder blenden aus, was für sie nicht von Bedeutung ist. Wir machen das im Übrigen genauso. Oder hast du noch nie Lego zusammengeräumt und dann kam ein entrüsteter Aufschrei deines Kindes, weil du die sorgsam sortierten Häufchen nicht als solche erkannt und alles zusammengeschüttet hast?

Wann immer wir das Brot falsch durchschneiden, nicht fokussiert zuhören, wenn unser Kind etwas erzählt, es im Spiel stören, weil es Essen gibt, nehmen wir unsere Bedürfnisse wichtiger als die der Kinder. Deshalb wollen wir unseren Kindern noch lange nicht absichtlich schaden. Wir handeln einfach in unserem Interesse – nicht gegen die Kinder. Jetzt dürfen wir uns natürlich an unsere eigene Nase fassen und prüfen, in welchen Alltagssituationen wir vorleben, dass unsere Bedürfnisse wichtiger sind – indem wir vielleicht sogar Regeln oder Gesetze daraus machen. Und wir dürfen überlegen, wo wir die Bedürfnisse des Kindes noch mehr in unsere Alltagsgestaltung miteinbeziehen können. Auf diese Weise leben wir unseren Kindern das Aushandeln von Bedürfnissen vor und mit der Zeit werden die Kinder das übernehmen.

Mach dir einfach bewusst, dass dein Kind nie gegen dich ist. Es handelt für sich. Und es hat bisher noch nicht gelernt, verschiedene Bedürfnisse aufeinander abzustimmen. Je geduldiger du bist und je mehr du das Aushandeln vorlebst, desto leichter wird das Kind diese Fähigkeit erwerben. In unserem Beispiel mit dem Schulranzen könntest du zum Beispiel erkennen, dass das Kind gerade erschöpft ist. Du könntest ihm die Tasche abnehmen, ihm über den Rücken streichen und den Ranzen mit den Worten «Hier stört er niemanden» an die Seite stellen. Sobald auf dem Thema keine emotionale Aufladung mehr liegt, wird dein Kind dich innerhalb kürzester Zeit nachahmen. Oder es genießt diese Art der Begrüßung und hält deswegen weiter an dem Ritual fest – was vielleicht auch schön ist. Die Kinder werden sowieso so schnell groß.

13. Jedes Kind handelt aus seiner besten Option

Wir sind fest davon überzeugt, dass kein Mensch absichtlich Fehler macht. Oder hast du schon erlebt, dass jemand vorsätzlich eine Tasse fallen lässt, sich den Arm bricht, den Ball in eine Fensterscheibe kickt oder einen Streit vom Zaun bricht? Ich habe das noch nie erlebt.

Davon auszugehen, dass niemand absichtlich Fehler macht, führt im Umkehrschluss dazu, dass wir davon überzeugt sein müssen, dass jeder Mensch – und damit eben auch jedes Kind – in jedem Moment sein Bestes gibt. Jede und jeder holt stets das Beste aus sich heraus, was sie oder er gerade leisten kann. Und wir wissen alle, dass unsere Tagesform durchaus unterschiedlich ist. An manchen Tagen joggen wir schneller, haben einen Lauf im Job oder sind unfassbar geduldig. An anderen Tagen dagegen gehen wir beim kleinsten Anlass in die Luft, fühlen uns wie eine Schnecke und bekommen gefühlt nichts auf die Reihe. Wenn wir Erwachsene so wechselhafte Energielevel haben, ist es doch vollkommen nachvollziehbar, dass es unseren Kindern ebenso geht.

Stell dir beispielsweise vor, dein Kind deckt den Tisch. Es dauert und dauert und dauert. Das Kind zählt das Besteck, trägt es einzeln zum Tisch, streichelt zwischendurch die Katze, schaut aus dem Fenster, läuft Kurven und Umwege … und du beginnst, innerlich zu kochen. Nur hilft es erfahrungsgemäß überhaupt nichts, wenn du jetzt versuchst, das Kind anzutreiben. Ganz im Gegenteil: Das Kind wird sich durch deine Intervention unter Druck gesetzt fühlen und versuchen, die Situation zu verlassen. Denn seine Geschwindigkeit war in diesem Moment seine beste Option – auch wenn das für dich überhaupt nicht nachvollziehbar erscheint.

Nehmen wir zur Verdeutlichung ein weiteres Beispiel: Angenommen, du beginnst mit dem Joggen. Nach vier Kilometern bist du vollkommen aus der Puste. Du wirst nicht wesentlich weiter oder schneller laufen, wenn jemand hinter dir steht und dich unter Druck setzt, anschnauzt oder zur Schnecke macht. Das bringt dich vielleicht ein paar wenige Meter weiter, aber am Ende wirst du noch erschöpfter sein. Genauso geht es deinem Kind, wenn du es hetzt, antreibst oder zu etwas zwingst. Vielleicht versucht es noch mit letzter Kraft, deine Anforderung zu erfüllen – aber dann klappt es zusammen. Denn jedes Kind kooperiert in jedem Moment, so gut es eben kann. Es gibt in jedem Moment sein Bestes. Wenn du es anmeckerst, warum es nicht schneller den Tisch deckt, ist das so, als würde dich jemand antreiben, gefälligst schneller zu laufen.

Wenn du nun der Meinung bist, dass der Vergleich vielleicht ein wenig hinkt, bedenke Folgendes: Für einen trainierten Läufer, der mehrere Marathons im Jahr läuft, ist es nicht vorstellbar, dass man schon nach vier Kilometern schlapp macht. Und ein

Skifahrer, der von klein auf Ski fährt, kann nicht nachvollziehen, dass man Angst vor steilen Hängen hat. Und dennoch gibt es viele Erwachsene, für die das unvorstellbare Hürden sind. Genauso müssen wir anfangen, die Welt aus den Augen unseres Kindes zu sehen, und erkennen, dass es bei dem, was es tut, immer sein Bestes gibt. Sei kein Antreiber, sondern die Unterstützung an seiner Seite, die du dir für dich selbst beim Joggen wünschen würdest: jemand, der dir gut zuredet, dich aufbaut, dir über den Rücken streicht, dich anfeuert oder dir eine Flasche Wasser reicht. Jemand, der sieht, wie sehr du dich bemühst und dass du dein Bestes gibst. Dann wird dir auch beim Tischdecken auffallen, wie fokussiert dein Kind ist, dass es auch für die Katze ein liebevolles Wort hat, dass es den Bruder das Lieblingsglas aussuchen lässt und dass es all seine Kräfte mobilisiert, um dir zu helfen – auch wenn es vielleicht schon großen Hunger oder einen anstrengenden Vormittag hinter sich hat.

14. Das Wichtigste ist die Beziehung

Unsere Vorstellung von Familie war immer damit verbunden, wundervolle Beziehungen aufzubauen. Wir träumen seit Jahrzehnten von einer Finca in Spanien, in der wir uns als Urgroßeltern mit all unseren Kindern, deren Familien und Kindeskindern treffen. Bernd und ich weißhaarig und runzlig und immer noch unfassbar glücklich und erfüllt von all dem Schönen, das durch uns entstehen konnte. Damit dieses Zukunftsbild Realität werden kann, müssen wir Beziehungen zu unseren Kindern gestalten, die über die eigentliche Kindheit hinaus Bestand haben. Wie wichtig dieser Gedanke ist, zeigt ein einfaches Rechenexempel. Ich zum Beispiel bin mit zweiundzwanzig Jahren Mama geworden. Als ich vierzig war, war unser Ältester volljährig. Wenn ich fünfundsiebzig Jahre alt sein werde, werde ich noch fünfunddreißig Jahre lang Mama eines erwachsenen Sohnes gewesen sein. Also fast doppelt so lang wie die eigentliche Kindheit. Wenn du magst, mach dir das gern einmal bewusst. So gesehen haben wir all die Entbehrungen – wenig Schlaf, ständige Verfügbarkeit, die Pflege kranker Kinder, das Aushalten von Wutanfällen etc. – auf uns genommen, um Familie leben zu können. Um Beziehungen zu unseren Kindern zu haben, die uns alle bereichern.

Um das zu erreichen, musst du den Beziehungen zu deinen Kindern eine höhere Wichtigkeit einräumen als sauberen Kinderzimmern, eingehaltenen Vereinbarungen oder gesunder Ernährung, um nur einige Aspekte zu nennen.

Bernd und ich fahren seit Langem sehr gut damit, den Beziehungen in unserer Familie die höchste Priorität einzuräumen. Das bedeutet, dass wir nicht bereit sind, das gute Miteinander aufs Spiel zu setzen, nur weil ein Kind sich nicht gemäß unseren Erwartungen verhält. Auf den Punkt gebracht heißt das: Wir streiten uns nicht mit unseren Kindern über Kleinigkeiten, die nach kurzer Zeit sowieso wieder vergessen sind. Wir sind bereit, den Kindern gutzutun, vertrauen darauf, dass sie alle wesentlichen Kompetenzen entwickeln und zu selbstbewussten jungen Menschen werden. Und der Erfolg gibt uns Recht. Unsere Kinder meistern ihr Leben jedes auf seine Art großartig und sind zu Menschen geworden, mit denen wir sehr gern Zeit verbringen.

Den Beziehungen diese Priorität einzuräumen, beinhaltet immer, in jedem Verhalten die beste Option zu sehen, nichts persönlich zu nehmen und zu verstehen, dass komische Verhaltensweisen einfach Hilferufe sind.

Und nein, das hat nichts mit Laissez-faire zu tun hat. Dinge nicht persönlich zu nehmen, bedeutet nämlich nicht, sich mit allem zufriedenzugeben. Es heißt nur, sich nicht emotional triggern zu lassen. Die Beziehung an die erste Stelle zu setzen, ergänzt den Aspekt, dass wir uns stets bewusst machen sollten, welche unserer Erwartungen an unsere Kinder auf unserer eigenen Erziehung oder unseren herausfordernden Lebensumständen basieren und womöglich hinsichtlich unserer Ziele in der Begleitung unserer Kinder überhaupt nicht relevant sind.

Für all die Momente, in denen es dir schwerfällt, dich daran zu erinnern, nichts persönlich zu nehmen und die Beziehung an die erste Stelle zu setzen, empfehlen wir imaginäres Konfetti oder Glitzerstaub. Wann immer du merkst, dass du nicht so gelassen bleiben kannst, wie du es dir wünschst, nimm imaginären Glitzerstaub und streue ihn über die Situation. Wann immer du dreckiges Geschirr im Kinderzimmer findest, über einen Ranzen stolperst oder innerlich auf hundertachtzig bist, lass Glitzer regnen – oder nimm gern auch echtes Konfetti. Das macht zwar Sauerei, ist aber genau wie imaginärer Glitzerstaub ein großartiger Separator, der dich aus dem gewohnten Reaktionsmuster katapultiert. Das hört sich lustig und etwas schräg an, ich weiß. Aber viele unserer Kunden sind zu großen Glitzerstaub-Fans geworden und deshalb wollen wir dir diese Methode nicht vorenthalten. Sie ist eine Möglichkeit unter vielen, um dich auf neue Reaktionspfade zu bringen.

15. | Sei lernfähig

In der Begleitung unserer Kinder gibt es ein merkwürdiges Paradoxon. Erinnere dich an Momente, in denen dein Kind zum wiederholten Mal einen Fehler macht. Sei es, dass es wieder vergisst, seinen Sportbeutel mitzunehmen, die Taschen nicht leerräumt, bevor die Hose in der Wäsche landet, oder wiederholt ohne Unterlage mit Acrylfarbe auf dem Wohnzimmertisch malt. All diese Kleinigkeiten, die wir schon Tausend Mal gesagt und weitere Hundert Male erklärt haben. Und trotzdem verändert sich nichts. Kennst du es, dass du dann innerlich zum HB-Männchen wirst und vielleicht sogar manchmal die Beherrschung verlierst und laut oder grob wirst? Du ärgerst dich, weil du immer und immer wieder auf diese Dinge hingewiesen hast, betont hast, wie wichtig es dir ist – und trotzdem passiert nichts. Was du verstehen darfst: Wenn das Kind sein Verhalten nicht verändert, dann verwendest du die falsche Strategie. Anstatt zu erkennen, dass das Problem bei dir liegt und du offenbar noch nicht den richtigen Weg gefunden hast, wie du dein Kind dazu bringst, sein Verhalten zu ändern, schieben wir Eltern den schwarzen Peter oft unseren Kindern zu. Wir wiederholen viele Male dieselben Sätze, sind selbst alles andere als lernfähig, erwarten aber von unseren Kindern, dass sie ihr Verhalten verändern. Dabei sind doch wir die Großen, die Vernünftigen mit der größeren Lebenserfahrung …

Mein Tipp an dieser Stelle: Hör auf, Strategien zu wiederholen, die nicht funktionieren! Lass es mich an einem weiteren Beispiel erklären: Stell dir vor, du hast dein Auto vorwärts in die Garage gefahren. Am nächsten Tag legst du beim Losfahren aus Versehen den Vorwärtsgang ein und knallst mit der Motorhaube gegen die Garagenwand. Was tust du? Kämst du auf die Idee, noch fünfmal gegen die Wand zu fahren und währenddessen zu zetern: «Blöde Wand! Geh weg! Wie oft soll ich dir noch sagen, dass du im Weg bist?» Selbstverständlich nicht, sondern du legst sofort den Rückwärtsgang ein und versuchst, weiteren Schaden zu vermeiden.

Versuche, dieses Verhalten auf deinen Familienalltag zu übertragen. Sobald dein Kind nicht die gewünschte Reaktion zeigt, probiere etwas anderes aus und finde neue Wege. Hör auf, dich zu verurteilen, zu kritisieren oder schlecht zu fühlen, ärgerlich auf dich selbst oder deine Kinder zu sein und erkenne stattdessen, dass auch du in jedem Moment dein Bestes gibst und dass es normal ist, Fehler zu machen. Genau wie es eben passieren kann, dass du eine Schramme ins Auto fährst, kann es sein, dass deine Idee, dein Kind anzuleiten, eben nicht funktioniert. Mach kein Drama daraus, aber sei lernfähig. Lebe deinem Kind das Verhalten vor, dass du dir von ihm wünschst – nämlich in der Lage zu sein, neue Wege auszuprobieren und sich zu verändern.

Im Unterschied zu unserem Verhalten in Beziehungen ist uns beim Auto vollkommen klar, dass wir selbst für den Schaden verantwortlich sind. Schließlich fährt das Auto nicht automatisch los (Einparkassistenten ausgenommen). Aber in der Beziehung zu unseren Kindern erliegen wir häufig dem Irrglauben, dass es am Kind liegt, ob unsere Anweisungen umgesetzt werden oder nicht. Dabei lautet schon ein altes Sprichwort: «Wie du in den Wald hineinrufst, so schallt es zurück.» Probier es gern einmal aus. Wir erleben bei unseren Teilnehmerinnen und Teilnehmern und natürlich auch bei uns selbst immer wieder, wie viel einfacher und schöner das Leben wird, wenn wir die Verantwortung für unser Handeln zu uns zurückholen. Denn am Ende des Tages stört es uns gar nicht so sehr, dass das Kind einen Fehler wiederholt. So richtig auf die Palme bringt es uns nur, wenn wir uns nicht ernst genommen oder nicht gehört fühlen. Statt weiterhin zu glauben, dass dein Kind dir keinen Respekt entgegenbringt, wenn es deine Anweisungen nicht befolgt, gilt es zu verstehen, dass deine Formulierung wahrscheinlich nicht zielführend war. Dein Kind will dich nicht ärgern, es hat dich einfach nicht verstanden.

Das passiert häufig, weil wir übersehen, darauf zu achten, ob das Kind im Moment überhaupt aufnahmebereit ist. Ob wir gerade zu ihm durchdringen. Bevor du also anfängst, irgendwelche Anweisungen oder Erklärungen zu geben, achte darauf, dass du dir sein Einverständnis einholst, bevor du zu sprechen beginnst. Geh dazu auf Augenhöhe, berühre das Kind, baue Blickkontakt zu ihm auf und hole dir durch ein Nicken oder Lächeln sein Ja ab. Jetzt erst seid ihr in Verbindung. Frage dein Kind dann, ob es dir gerade zuhören kann. Manchen Kindern hilft es, uns ihre Aufmerksamkeit zu schenken, wenn wir ihnen die Hand auf den Arm oder die Schulter legen. Gleichzeitig möchte ich dich dafür sensibilisieren, dass die Aufmerksamkeit, die wir anderen Menschen schenken, das größte Geschenk ist, das wir einander machen können. Dass du zum Beispiel gerade dieses Buch liest und damit Bernds und meinen Ideen Zeit schenkst, macht uns unfassbar dankbar und demütig.

Wann immer dein Kind bereit ist, dir zuzuhören, ist dies ein wertvolles Geschenk. Behandle es wertschätzend, indem du darauf achtest, dass eure gemeinsam verbrachte Zeit – auch wenn es nur wenige Minuten sind – für euch beide erfüllend ist. Niemand schenkt einem Gegenüber gern seine Aufmerksamkeit, wenn jenes nur an ihm herummäkelt. Genauso wenig wird dein Kind dir aufmerksam zuhören, wenn es ständig gesagt bekommt, was es falsch gemacht hat und wie es etwas verbessern soll.

16. Wer meckert, hat vergessen, wie großartig er ist

Niemand meckert gern und vor allen Dingen meckert niemand, der gerade glücklich ist. Falls du gerade einen wirklichen Erfolg erzielt, ein wunderschönes Kompliment bekommen hast oder ein erfüllendes Erlebnis hattest, dann schwebst du vermutlich auf Wolke sieben. Ich habe noch niemanden getroffen, der aus dieser Energie heraus angefangen hat, sein Kind zur Schnecke zu machen. Ganz im Gegenteil: Die meisten von uns sind dann viel entspannter, lassen viel mehr durchgehen und drücken häufiger beide Augen zu. Die Schlussfolgerung aus dieser Beobachtung, die wir wieder und wieder gemacht haben, ist, dass wir nur meckern, wenn es uns nicht gut geht. Und bei deinem Kind ist das genauso. An manchen Tagen kooperiert es und an anderen flippt es schon aus, wenn wir es nur schief anschauen. Ob wir meckern oder nicht, hängt also ab von unserer inneren Verfassung.

Im Laufe der Jahre und nach mehr als 100.000 Teilnehmerinnen und Teilnehmern konnten wir feststellen, dass sich jede negative

Emotion darauf zurückführen lässt, dass Menschen sich minderwertig, nicht gesehen, geliebt oder wertgeschätzt fühlen. Und diese Gefühle entstehen, wenn Menschen den Glauben an sich selbst verloren haben.

Bezugnehmend auf die Quantenphysik wissen wir heute, dass wir Menschen Energiewesen sind. Jede und jeder von uns ist großartig und ein Wunder gemacht aus Sternenstaub auf seiner Reise durch die Zeit. Die meisten Menschen verlieren allerdings bereits in der Kindheit den Zugang zu diesem Wissen. Sie vergraben ihre Intuition und vergessen die Melodie ihrer Seele. Dann verlieren sie ihr Vertrauen in ihre einzigartigen Qualitäten und beginnen, sich an anderen zu messen. Sobald ein Mensch dann feststellt, dass es andere gibt, die manches besser können, erfolgreicher oder beliebter sind, entstehen Minderwertigkeitsgefühle. In der Folge vergessen sie, dass sie großartig sind. Weil sich das so schrecklich anfühlt, machen sie ihrem inneren Unmut Luft, indem sie meckern, nörgeln, motzen oder schreien.

Übertragen auf unsere Kinder bedeutet das, dass sie nicht meckern, weil sie dich blöd finden oder ärgern wollen, sie meckern, weil sie den Glauben an sich selbst verloren haben. Und genauso verhält es sich mit uns Eltern. Nicht unsere Kinder sind so herausfordernd – wir kommen mit uns selbst nicht klar. Die Kinder sind einfach nur das Zünglein an der Waage, das dein inneres Ungleichgewicht auf die Bühne holt.

Wenn du dich mit diesem Thema weitergehend beschäftigen möchtest, empfehlen wir alles rund um das Thema #gemeckerfrei® mit dir selbst werden[4]. Für den Alltag mit deinen Kindern schenken wir dir hier eine einfache Übung: Wann immer dein Kind oder auch dein Partner oder deine Partnerin meckert, verzichte darauf, auf das Gemecker einzusteigen, und stell dir stattdessen vor, wie dunkle Rauchwolken aus dem Mund der meckernden Person aufsteigen und sich damit alle Minderwertigkeitsgefühle in Luft auflösen. Diesen Prozess kannst du beschleunigen, indem du dem anderen hilfst, seinen Glauben an sich selbst wiederzufinden. Für uns ist genau das die wahre Liebe. Denn bei Sonnenschein Liebespfeile abzuschießen, ist einfach. Den anderen zu lieben, wenn er es am wenigsten verdient hat, aber am meisten braucht, das ist die wahre Kunst. In Bezug auf unsere Kinder bedeutet das für Bernd und mich auch, dass wir nicht bereit sind, die Selbsteinschätzung des motzigen Kindes, dass es wertlos sei, zu teilen. Vielmehr glauben wir an das Kind gerade dann, wenn es dies selbst am wenigsten kann. Probier es gern aus! Wir sind uns sicher, du wirst wahre Wunder erleben.

17. | Warum Gemecker und Geschrei scheinbar hilft

«Das hat uns doch auch nicht geschadet!» ist eine gängige Aussage, die wir immer wieder hören, wenn wir darauf hinweisen, dass die Erziehungsmethoden unserer Eltern mitunter nicht unbedingt nachahmenswert sind. Dabei ist allein schon diese Aussage ein Anzeichen dafür, wie sehr es dir eben doch geschadet hat.

Dürfen wir dich zum Nachdenken anregen? Denn ja, vielleicht hat es demjenigen oder derjenigen insofern nicht geschadet, als er oder sie es überlebt hat – und das ist wunderbar. Und dennoch ist das kein so besonders stichhaltiges Argument, denn Kinder überleben so manches. Wir Menschen sind einfach unfassbar zäh. Gleichzeitig wissen wir nicht, was aus der Person geworden wäre, hätten ihre Eltern sie als wirklich gleichwürdiges Mitglied der Familie gesehen und behandelt.

Eine der schwierigsten Fragen und damit einer der größten Knackpunkte für uns Eltern ist, ob unsere Kinder uns gehorchen müssen. Denn alle Erziehungsansätze führen am Ende dazu, dass wir Eltern uns in unserem Verhalten an der Aussage «So-lange du deine Füße unter meinen Tisch stellst ...» orientieren. Manche Eltern stehen ganz offen dazu und verhalten sich autoritär. Sie sagen Sätze wie: «Jetzt wird geschlafen, es ist schon spät», «Zuerst wird das Gemüse gegessen», «Du räumst jetzt dein Zimmer auf, sonst gibts keine Medien.» All diese Aussagen sind gewaltvoll, weil sie aus einem ausgeprägten Machtanspruch heraus gesagt werden. Dann gibt es Eltern, die verdeckt gewalt-voll agieren: Mütter, die losweinen und Sätze sagen wie: «Nie nimmst du mich ernst!» oder «Immer machst du nur das, was du willst!» Oder Väter[5], denen irgendwann die Hutschnur platzt: Erst ist es in Ordnung, mit dem Essen zu matschen, im Auto Quatsch zu machen oder im Wohnzimmer Fangen zu spielen, doch irgendwann zu einem für die Kinder nicht nachvollzieh-baren Zeitpunkt werden die Daumenschrauben angelegt: «Jetzt ist aber endlich Schluss!», «Wo sind wir denn hier, verflixt noch-mal!», «Warum müsst ihr auch immer so toben?»

All diesen Verhaltensweisen liegt die Idee zugrunde, dass es ein Machtgefälle zwischen Eltern und Kindern gibt (vgl. Kapitel 2). Für Kinder ist das jedoch vollkommen unnatürlich, weil es nicht ihrer Wahrnehmung entspricht. Denn wir Menschen mögen zwar unterschiedlich groß sein, aber wir sind alle gleich viel wert. Die sogenannte Trotzphase stellt das erste Aufbegehren des Kindes gegen diese Weltsicht dar. Genau genommen sind sie ein-fach von unserem Verhalten irritiert. Denn im einen Moment sind wir die liebevollsten und zugewandtesten Eltern, im nächsten Augenblick werden wir zu schreienden Zombies. Das erschreckt unsere Kinder. Wir sind schließlich ihr sicherer Hafen und dann erleben sie, dass sie sich auf uns nicht verlassen können. Weil es Momente gibt, in denen das Band der Liebe zwischen ihnen und ihren Eltern durchgeschnitten wird. Alle Erwachsenen, die ich kenne, haben Angst vor einem Krieg. Doch ohne Vorwarnung von den eigenen Eltern angeschrien oder verbal angriffen zu werden, ist nicht weniger schlimm. In der Folge beginnen unsere Kinder, Angst vor uns zu entwickeln. Gerade wenn unser Geschrei sie unvorbereitet trifft, sie nicht erkennen können, wann wir lieb sind und wann wir zu Monstern werden. Auch wenn es für uns Eltern schmerzhaft ist: Unsere Kinder entwickeln in solchen Situationen Überlebensangst, denn sie sind vollkommen von uns abhängig. Sie können ohne uns nicht überleben.

Ich erinnere mich, dass meine Mama einmal einen Tag lang nicht mit mir geredet hat. Ich war damals sieben Jahre alt und es war für mich die Hölle. Manche Kinder schaffen es, dagegenzuhalten und zu widersprechen. Sie geben sich mit unserer Sicht auf die Welt und unserem Verhalten nicht zufrieden und rebellieren dagegen – wie die Widerstandskämpfer im Krieg. Andere Kinder fügen sich. Aus Angst tun sie alles, was von ihnen verlangt wird. Deshalb kann es schon sein, dass ein Kind sich Gemüse reinwürgt, obwohl es Gemüse partout nicht mag – aus Angst vor der Reaktion der Eltern.

Um es auf den Punkt zu bringen: Manchmal scheint Gemecker oder Geschrei zu helfen, weil wir unser Kind dadurch verängstigen. Weil es um unserer Liebe willen versucht, uns zu gehorchen und uns zufriedenzustellen. Wenn du selbst eine autoritäre Erziehung erlebt hast, stell dir gern selbst einmal die Frage: Kannst du heute frei, offen und selbstbewusst deine Meinung vertreten – voller Liebe für andere Standpunkte? Oder hältst du dich zurück, sagst nicht, was du denkst, hast Angst, abgelehnt zu werden? Oder übersteuerst du in die andere Richtung und glaubst, deine Meinung sei die einzig richtige und wertest alle anderen Sichtweisen ab?

Was, wenn ein wirklich gleichwürdiges Miteinander zwischen Menschen möglich werden kann? Was, wenn wir einander inspirieren und bereichern können und was, wenn deine Kinder aussteigen können aus diesem toxischen Kreislauf aus Anpassung und Zurückhaltung? Denn ja: Gemecker und Geschrei führen manchmal zu Gehorsam – aber nie zu gesunden, selbstbewussten und starken Kindern.

Wir möchten dich einladen, diese Erkenntnisse einmal wirken zu lassen. Vielleicht magst du überprüfen, ob du dich in dem Beschriebenen wiedererkannt hast. Und falls du deine Kinder unterstützen willst, sich zu selbstbewussten Menschen zu entwickeln, die sich trauen, ihre Meinung zu sagen, gegen Unrecht aufzustehen und andere zu inspirieren, dann nimm dieses Kapitel gern zum Anlass, um zu entscheiden, dass du oder ihr als Eltern auf jegliche Form von Unterdrückung, von Gemecker und Geschrei verzichten werdet. Dass ihr trotz oder wegen eurer eigenen Kindheitserfahrungen Wege findet, würdevoll mit euren Kindern umzugehen. Denn am Ende – da sind wir uns sicher – sind unsere Kinder die wahren Helden. Sie sind vielleicht körperlich kleiner, aber innerlich so viel weiser als wir.

18. | Die innere Motzkuh besänftigen

Falls du nach dem letzten Kapitel betroffen bist, weil dir bewusst geworden ist, dass du noch nicht die Mama oder der Papa bist, die oder der du gern sein möchtest, und deine inneren Motzkühe dir das Leben schwer machen – dann lass mich dich nun an die Hand nehmen und dir zeigen, wie du da wieder rauskommst.

1 Unsere Kinder leben noch viel mehr im Hier und Jetzt als wir. Das bedeutet, dass sie nicht nachtragend sind. Sie sind jederzeit bereit, dir zu vergeben. Wann immer du ein schlechtes Gewissen hast oder Bedauern fühlst, dass es dir nicht gelungen ist, nach deinen Idealen zu handeln, kannst du das einfach ausdrücken. Wir können unser Kind wissen lassen, dass es uns leidtut. Dass wir bedauern, laut geworden zu sein, und unser Bestes geben, damit das nicht mehr vorkommt. Wenn du magst und dein Kind schon etwas älter ist, kannst du ihm auch einen Brief schreiben und es wissen lassen, wie sehr du es liebst und wie sehr du es bedauerst, dass es dir nicht gelungen ist, es ihm in jedem Moment zu zeigen. Diese Briefe werden die wahren Schätze deiner Kinder sein.

PS: Nimm dir das nicht nur vor, sondern mach es wirklich!

2 Gleichzeitig gilt es zu erkennen, dass Unwissenheit nicht vor Strafe schützt, wie ein Sprichwort so schön sagt. Wann immer du dein Kind macht- oder gewaltvoll behandelst, hat dies die oben beschriebenen Auswirkungen – unabhängig davon, ob dir das bewusst ist oder nicht. Schmerzhaft wird es immer dann, wenn aus der sogenannten unbewussten Inkompetenz – also dem dir nicht bekannten Nichtwissen – eine bewusste Inkompetenz wird. Wenn dir also bewusst wird, was du nicht wusstest und unbewusst «falsch» gemacht hast. Dieser Schritt ist jedoch unerlässlich, um eine Veränderung einleiten zu können. Anschließend entwickelt sich die sogenannte bewusste Kompetenz, zum Beispiel wenn du alle Tools aus diesem Buch umsetzt und anwendest und bewusst auf Gemecker verzichtest. Ja, das ist anfangs anstrengend, du musst richtig etwas dafür tun und immer wieder darauf achten, dass du nicht in alte Verhaltensweisen abrutschst. Mit der Zeit wirst du einen weiteren Entwicklungsschritt machen und die sogenannte unbewusste Kompetenz erlangen. Du weißt dann, wie du ohne Gemecker und Geschrei gut durch den Tag kommst. Und irgendwann später wirst du die unbewusste Kompetenz entwickeln und dann ist es das Natürlichste und Normalste auf der Welt, intuitiv #gemeckerfrei® zu sein. Diese Reise von der unbewussten

Inkompetenz über die bewusste Inkompetenz und die bewusste Kompetenz hin zur unbewussten Kompetenz will gegangen werden. Es gibt keinen Schritt, den du überspringen oder auslassen kannst.

Vergleiche das gern mit einem Fahrrad, das einen Platten hat. Solange es für dich normal ist, mit einem platten Reifen zu fahren, fällt dir gar nicht auf, wie mühsam das ist. Doch dann weist dich jemand darauf hin, dass der Reifen platt ist, und auf einmal merkst du, dass das Fahren wirklich anstrengend ist. Jede Bodenunebenheit fällt dir auf einmal auf. Dann lernst du, den Reifen zu flicken und aufzupumpen. Wie leicht das Fahren nun wieder ist! Auch wenn dir das Flicken des Reifens zunächst nicht so gut gelingt und der Reifen immer wieder Luft verliert, wirst du mit der Zeit immer besser darin, den Reifen zu reparieren. Und irgendwann ist es einfach dein normales Erleben, dass dein Reifen prall gefüllt mit Luft ist. Jahre später hast du vollkommen vergessen, dass du einmal Probleme mit einem platten Reifen hattest.

Lass uns hier auch noch einmal den Bogen spannen zu Kapitel 8: Der Reifen deines Kindes ist prall gefüllt mit Luft und es erlebt, wie sehr du dich mit dem platten Reifen quälst. Es versucht alles, damit du bemerkst, dass mit deinem Reifen etwas nicht stimmt. Vielleicht hat es dich sogar dazu gebracht, dieses Buch zu lesen. Denn wann immer du lernst, deinen Reifen zu flicken, kann es selbst weiterhin mit prallen Reifen fahren. Andernfalls ist es immer in dem Zwiespalt, entweder dein Verhalten nachzuahmen und selbst Luft aus seinem Reifen zu lassen – weil Nachahmen seine angeborene Lernstrategie ist – oder sich bewusst von dir abzuwenden, um weiterhin bequem radeln zu können. Dieser Zwiespalt ist so quälend für deine Kinder, dass sie gern bereit sind, dir zu vergeben, wenn das dazu führt, dass du lernst, deinen Reifen zu flicken.

Wann immer dir deine inneren Stimmen – deine Motzkühe – erzählen wollen, wo und wie du versagt haben könntest, besinne dich darauf, dass du in jedem Moment dein Bestes gegeben hast und dass die Erkenntnisse, die du beim Lesen dieser Zeilen gewinnst, die Grundlage dafür sind, dass du dich weiterentwickeln kannst. Die Vergangenheit ist vorbei, es hilft nicht, sich deshalb noch länger zu grämen. Ganz im Gegenteil. Solange du dich kritisierst, schimpfst, zeterst, meckerst und dich runtermachst, weil du so lange mit plattem Reifen gefahren bist, hast du weder Zeit noch Energie, deinen Reifen zu flicken. Du kannst nichts verändern, wenn du dich von deinen inneren Stimmen drangsalieren lässt.[6]

19. | Das Schwebe-balkenprinzip

Bist du als Kind einmal auf dem Schwebebalken balanciert oder hast du dich schon an einer Slackline probiert? Dann weißt du, wie wackelig das mitunter ist und wie schwierig es sein kann, das Gleichgewicht zu halten. Und dennoch gibt es Profis, die mühelos Salti auf dem Schwebebalken schlagen. Wie schaffen die das? Ganz klar durch viel Training und Übung. Bei sportlichen Meisterleistungen wissen wir, dass man diese ohne viel Einsatz und Zeit nicht erreichen kann. Elternsein hingegen gilt immer noch als intuitive, angeborene Fertigkeit, die wir qua Schwangerschaft und Geburt erwerben. Wickeln oder Baden eines Säuglings lernen wir vielleicht noch, aber wie wir mit Trotzphasen und mit den Ängsten unserer Kinder, mit Wackelzähnen, Hausaufgaben oder dem ersten Joint umgehen können – davon haben wir keine Ahnung und wir wissen auch nicht, wie wir das lernen können. Wie viel Übung es erfordert, wie viel Dranbleiben, dass Rückschläge ganz normal sind – all das entzieht sich unserem Erfahrungsschatz.

Wir treffen immer wieder auf Eltern, die ein Programm oder einen Kurs bei uns besuchen und sich wahnsinnig unter Druck setzen, um #gemeckerfrei® zu werden. Das ist so, als würdest du als absolut unsportlicher Mensch, der noch nie einen Handstand gemacht hat, davon ausgehen, in vier Wochen Flickflacks lernen zu können. Das ist einfach unrealistisch. Deshalb möchte ich dich mit diesem Kapitel ermutigen, sanft und geduldig mit dir zu sein. Je nachdem, wo du stehst, wie die Stimmung in eurer Familie ist und welche Erfahrungen ihr schon gemacht habt, wird der Weg in euren gemeckerfreien Familienalltag eine kürzere oder auch längere Reise sein. Und mit jedem Schritt wirst du deinem Ziel näher kommen. Du wirst erleben, dass schon die Reise an sich wunderschön ist. Selbst wenn du anfangs bei der Vorbeuge nicht mit den Händen auf den Boden kommst, ohne die Knie zu beugen, wirst du mit jedem Tag flexibler und beweglicher und auch dein Körpergefühl wird nach vier Wochen ein ganz anderes sein. Vielleicht ist der Flickflack noch nicht in Sichtweite, aber wenn du weitermachst und dranbleibst, wirst du irgendwann ankommen.

Wenn du dich nicht aufhältst, hält dich niemand auf. Weil wir aber dazu neigen, uns unter Druck zu setzen und riesige Erwartungen an uns selbst zu haben, geben viele Menschen auf, bevor sie das Ziel erreichen. Vielleicht kennst du die Geschichte vom Diamantengräber, der einen halben Meter vor dem Ziel aufgegeben hat und verarmt gestorben ist. Damit dir das nicht passiert und du wirklich einen glücklichen gemeckerfreien Alltag erleben kannst, lade ich dich ein, das Schwebebalkenprinzip zu verinnerlichen.

WAS VERBIRGT SICH DAHINTER?

Stell dir eine Turnerin auf dem Schwebebalken vor. Sie tanzt ihre Kür, doch kurz vor dem Salto verliert sie ihr Gleichgewicht und kommt ins Straucheln. Was macht sie dann? Statt auf Biegen und Brechen den Salto zu turnen, wird sie zunächst stoppen, vielleicht einen Schritt zurücksetzen und sich ausbalancieren. Erst wenn sie ihr Gleichgewicht wiedergefunden hat, kann sie zum Sprung ansetzen. Alles andere wäre nicht nur zum Scheitern verurteilt, sondern auch gefährlich.

Dieses Prinzip kannst du dir zu eigen machen. Wann immer du auf dem Weg in dein gemeckerfreies Leben ins Straucheln kommst – vielleicht hast du schlecht geschlafen, bist krank oder musst eine negative Nachricht verdauen – und es dir gerade nicht gelingt so gelassen zu sein, wie du es gern wärst, stoppe zunächst. Halte inne, geh einen Schritt zurück, mach eine Pause, sammle dich und finde dein inneres Gleichgewicht wieder. Gehe erst dann weiter, indem du neue Tools und Methoden anwendest.

Das Leben ist weder ein Wettlauf noch ein Leistungssport. Es geht nie darum, als Erste/Erster oder am schnellsten ins Ziel zu kommen. Es geht darum, deine eigenen Ziele zu erreichen. Und das geht mitunter leichter, wenn du in deinem Tempo bleibst und auch mal einen Schritt zurückgehst, um dann mit neuer Kraft weiterzugehen. Deine Familie und du selbst habt in jedem Fall mehr davon, wenn du in langsamen, aber stetigen Schritten #gemeckerfrei® wirst, als wenn du Luftsprünge versuchst und am Ende die ganze Idee frustriert in die Ecke wirfst.

Falls du zu den Mamas oder Papas gehörst, die sich üblicherweise sehr unter Druck setzen, dann kannst du Post-its mit dem Wort Schwebebalken in deinem Zuhause verteilen, um dich selbst immer wieder zu erinnern.

20. Verlass die Misthaufenaus-tauschbörsen

Kennst du Misthaufenaustauschbörsen? Üblicherweise finden sie auf Spielplätzen, vor Kitas, nach Elternabenden, bei Stammtischen oder in Klassengruppen via WhatsApp o. Ä. statt. Wann immer mehrere Mamas oder Papas zusammentreffen, wird schon innerhalb der ersten Minuten die erste Mistkugel gerollt, indem irgendeine als negativ empfundene Begebenheit kundgetan wird. Zum Beispiel Aussagen wie: «Die Hausaufgaben sind zurzeit aber auch besonders schwer» oder «Ich weiß gar nicht, was das jetzt wieder soll, dass wir die Kinder pünktlich bis neun Uhr in die Kita gebracht haben sollen» oder «Hier könnte auch mal wieder jemand den Müll wegräumen.» Dann geht das Pingpong weiter: «Ja das sehe ich auch, das geht wirklich gar nicht.» Und der nächste ergänzt: «Bei uns in der Klasse ist es noch viel schlimmer» … Solche Gespräche zwischen Eltern wirken auf mich so, als würde sich eine Gruppe Erwachsener gegenseitig einen Misthaufen zuwerfen. Jeder will ihn haben, aber keiner will ihn behalten. Aber wie das eben mit Mist so ist, bleibt bei jedem ein Stückchen Mist «kleben». Diese Misthaufenaustauschbörsen leben davon, dass der Misthaufen am Leben erhalten wird. Je schlimmer ein Erlebnis, desto größer der Applaus. Mit jeder negativen Aussage wächst der Misthaufen weiter. Und wenn sich dann alle vereinen und verbal den gemeinsamen Feind verfluchen, entsteht ein wunderbar heimeliges Gefühl von Verbundenheit. Niemals würde eine solche Verbundenheit entstehen, wenn Menschen Erfolgserlebnisse oder positive Momente teilen. Offenbar brauchen wir das süß-salzige Gefühl durch Schmerz oder Qual, das uns besonders nährt und verbindet. Und leider ahmen unsere Kinder diesen Mechanismus nach. Denk zum Beispiel an das Kind, das ständig petzt. Oder an Situationen, wie wir sie gestern erlebt haben: Ein dreizehnjähriger Kumpel unseres Jüngsten kam im Restaurant zu uns an den Tisch und fing sofort an, sich darüber zu beschweren, wie dunkel es dort sei. Dass er sein Essen nicht erkennen könne und das doch eine Sauerei sei. Es war einfach traurig anzusehen, dass seine einzige Strategie, um in Kontakt zu kommen, das Herumwerfen eines Misthaufens war.

Dabei kennen wir das alle: Alles, worauf wir unsere Aufmerksamkeit richten, wird bedeutungsvoll. Worüber wir nachdenken, das nähren wir mit unserer Energie und dadurch wird es größer. Wann immer du dir einen entspannteren, glücklicheren, gemeckerfreieren Alltag wünschst, ist es unvermeidbar, deine Aufmerksamkeit auf das zu richten, was sich gut anfühlt. Wovon du mehr in deinem Leben haben willst (siehe Kapitel 3).

Was bedeutet das für die Misthaufenaustauschbörsen? Du kannst im ersten Schritt entscheiden, dabei nicht mehr mitzumachen. Entweder, indem du dich weigerst, den Misthaufen zu fangen, und konsequent immer wieder den Blick auf etwas Positives richtest und darüber sprichst. Du wärst nicht die oder

der Erste, die oder der dadurch Misthaufenaustauschbörsen in Wundertüten verwandelt. Oder du kannst bewusst entscheiden, mit deinem Atem zu arbeiten. Eine Übung, die uns immer wieder gute Dienste leistet, lautet: «Breathe in the good shit and breathe out the bad shit.» Stell dir dazu vor, wie alle Negativität, die sich durch die Misthaufen in deinem Leben in deinen Zellen abgelagert hat, beim Ausatmen aus dir herausströmt und du mit jedem Einatmen frische, positive Energie in deine Zellen ziehst. Damit veränderst du deine Grundenergie und mit der Zeit wird niemand mehr versuchen, dir einen Misthaufen zuzuwerfen. Du bist einfach nicht mehr empfänglich dafür.

21. | Richte deine Taschenlampe woanders hin

Vielleicht kennst du diese Bilderbücher, die mit Licht und Dunkelheit spielen, indem Bilder auf eine Folie gedruckt werden und dahinter eine schwarze Seite folgt. Dem Buch liegt eine sogenannte Taschenlampe aus weißem Papier bei, wenn man diese zwischen die Folie und die schwarze Seite schiebt, können die Bilder auf der Folie sichtbar gemacht werden. Durch das Herumschieben der kleinen Taschenlampe lässt sich nach und nach das gesamte Bild erkennen. Die Message dahinter ist, dass wir nur das sehen, worauf wir unsere Taschenlampe richten. Im echten Leben kannst du die Taschenlampe durch den Begriff «Fokus» ersetzen. Wir alle haben eine extrem eingeschränkte Wahrnehmung. Der Junge im Restaurant (siehe Kapitel 20) hatte seinen Fokus auf der schlechten Beleuchtung, ich dagegen fand das Ambiente sehr gemütlich – dieselbe Situation, zwei komplett verschiedene Wahrnehmungen. Du kannst deine Taschenlampe immer auf das richten, was nicht funktioniert, was fehlt oder stört, oder du beleuchtest all das, was schon klappt, was gut läuft und was dir gute Gefühle macht. Anstatt zu sehen, dass das Kind heute wieder keinen Brokkoli gegessen hat, kann ich doch auch sehen, dass es bereits Gurken, Tomaten und Äpfel verspeist hat. Ob ich das Geschrei beim Zähneputzen groß mache oder die Bereitschaft, Gummibärchen mit der kleinen Schwester zu teilen – ich entscheide. Wie machst du es bei dir selbst? Schaust du abends auf deinen Tag zurück und siehst das, was du geschafft hast, und freust dich an jedem kleinen Schritt? Oder verurteilst du dich für das, was liegen geblieben ist?

Wir werden niemals perfekt und niemals mit allem fertig sein. Denn anzukommen bedeutet zu sterben. Solange wir leben, gibt es keinen Stillstand. Die Frage ist einfach nur: Machst du dir dein Leben schwer, indem du auf all das deine Aufmerksamkeit richtest, was anstrengend oder belastend ist? Damit machst du deine Probleme groß und größer. Oder entscheidest du dich für das halbvolle Glas und fokussierst dich auf alles, was sich gut anfühlt. Das hat übrigens nichts mit Verdrängen oder unter den Teppich kehren zu tun. Es geht vielmehr darum, zu verstehen, dass Weiterentwicklung immer entweder durch Probleme oder durch große Ziele möglich ist. Und wir bei #gemeckerfrei® haben uns für das halbvolle Glas und die großen Ziele entschieden. Denn alles, was wir nicht beachten, verschwindet nach und nach von selbst.

Jede schwierige Verhaltensweise unserer Kids ist ver-schwunden, wenn wir aufgehört haben, ihr Beachtung zu schenken. Selbst körperliche Schmerzen lösen sich in Luft auf, sobald du nicht mehr darüber nachdenkst.

Auch wenn die meisten Menschen ihre Taschenlampe wohl eher auf die Misthaufen richten, bedeutet das nicht, dass die Fokussierung auf die Wundertüten schlecht oder schädlich wäre.

Abgesehen davon ist noch kein Misthaufen verschwunden, indem wir darüber geredet oder die Taschenlampe darauf gerichtet haben.

Hast du Lust auf Wundertüten und bist du bereit, die Misthaufen loszulassen?

Ja? Dann reflektiere einmal, wie du deine Taschenlampe neu ausrichten könntest, indem du den schwierigen Verhaltensweisen deines Kindes die Aufmerksamkeit entziehst. Wenn die Schuhe mal wieder mitten im Flur liegen bleiben, kannst du dich zunächst dafür interessieren, ob dein Kind Freude beim Fußball hatte. Danach gibst du deinem Kind den Raum, mit Spaß zu Abend zu essen. Anschließend begleitest du dein Kind in den Flur und erwähnst dabei in einem Nebensatz, dass du dir wünschst, dass die Schuhe noch im Regal verschwinden. Und vielleicht räumst du den einen Schuh selbst weg. Und, wenn das Kind vollkommen fertig ist, auch den zweiten. Ich verspreche dir, wenn es achtzehn ist, wird es seine Schuhe aufräumen. Übe deine neue Verhaltensweise einige Tage und du wirst immer häufiger erleben, dass dein Kind von selbst daran denkt.

ABENTEUER
FAMILIENLEBEN

22. | Probleme sind nur Fussel

Sobald du anfängst, den Bezugsrahmen größer zu machen, verlieren die meisten Probleme an Relevanz. Denn auch wenn es vielleicht anstrengend ist, dass dein Kind immer noch im Elternbett schläft, abends ewig zum Einschlafen braucht oder wütender Protest ertönt, wenn die Medienzeit zu Ende ist – all dies sind doch eher profane Probleme. Wir haben die Erfahrung gemacht, dass es zwei Bezugsrahmen gibt, die wir relativ leicht verändern konnten. Zum einen haben wir uns immer wieder bewusst gemacht, dass es keineswegs selbstverständlich ist, gesunde Kinder zu haben, und somit unsere Probleme im Verhältnis zu wirklich schwerwiegenden Herausforderungen wie lebensbedrohlichen Erkrankungen wirklich irrelevant sind. Statt uns zusammen mit anderen Eltern darüber aufzuregen, dass ein Kind gerade immer wieder beißt, das andere ständig seinen Willen durchsetzen will oder abends Stunden zum Einschlafen braucht, haben wir uns ganz bewusst darauf besonnen, was es für ein Geschenk ist, Eltern sein zu dürfen. Wie dankbar wir dafür sind, dass diese Kinder bei uns leben, und dass wir Menschen ja an Herausforderungen wachsen und dass wir das mögen.

Der zweite hilfreiche Bezugsrahmen, der sich verändern lässt, ist der Zeithorizont. «Bis sie achtzehn sind, werden sie es schon gelernt haben.» Dieser Gedanke hat uns immer sehr geholfen. Schließlich haben wir noch nie von Kindern gehört, die als junge Erwachsene freiwillig bei den Eltern in der Ritze schlafen wollen. Statt also die Taschenlampe darauf zu richten, was wir aktuell als anstrengend oder schwierig empfinden, haben wir uns immer wieder vorgestellt, wie wir später von diesen Zeiten erzählen und miteinander in Erinnerungen schwelgen. Und genauso ist es gekommen. Wenn wir heute, wo unser jüngstes Kind ein Teenager ist, auf die letzten 25 Jahre zurückschauen, dann sind wir einfach nur dankbar, demütig und geflasht davon, wie sich alles ineinandergefügt hat.

Nutze folgende Methoden gern, um deinen Bezugsrahmen zu verändern: Stell dir dazu vor, dass ein Problem an sich vergleichbar ist mit einem Fussel auf deinem Pullover. Über diesen kannst du dich schrecklich aufregen, du kannst dich schämen, dass du mit einem großen Fussel auf deinem schwarzen Pullover rumgelaufen und womöglich negativ aufgefallen bist. Oder aber du erkennst, dass es nur ein Fussel ist, den du mit einem Handgriff entfernen kannst. Je weniger du über mögliche Fussel nachdenkst, umso leichter und entspannter ist dein Leben. Wann immer du Probleme als Fussel betrachtest, kannst du dir einfach mit der Hand über die Schulter streichen, den vermeintlichen Fussel abstreifen und die Dankbarkeit groß machen, dass du die Möglichkeit hast, deine Kinder zu erleben. Das verändert deinen Fokus im Handumdrehen. Wenn du diese Übung innerhalb einer Woche etliche Male wiederholst, kannst du die Intelligenz deines Körpers mitnutzen. Denn die Bewegung des Fusselabstreifens wird dann geankert. In der Folge wirst du automatisch sanftmütiger, wenn du lediglich die Bewegung ausführst. Probiere das gern für dich aus!

23. | Durch Kritik wird niemand besser

Der einfachste Weg, nie mehr zu schreien oder zu meckern, besteht darin, einfach komplett auf Kritik zu verzichten. Sobald du beginnst, zu beobachten, statt zu bewerten, wird dein innerer Kritiker nicht mehr genährt und es entstehen keine Impulse mehr für Gemecker. Denn genau genommen meckern wir immer nur dann, wenn sich unser Kind nicht gemäß unseren Erwartungen verhält, wenn wir Sorge haben, selbst kritisiert zu werden, weil unser Kind sich falsch verhält, oder wenn wir unsicher sind, wie wir reagieren sollen. Könnten wir alle glauben, dass es vollkommen ausreicht, unseren Kindern hilfreiche Vorbilder zu sein, könnten sich alle Eltern und Kinder sofort entspannen. Leider ist dem nicht so. Da der Großteil von uns Eltern von klein auf ständiger Kritik ausgesetzt war – angefangen zu Hause, wenn wir angeschrien wurden, weil z. B. ein Glas zerbrach, später in der Schule durch den Rotstift des Lehrers bis hin zum Chef, der immer etwas auszusetzen hat –, glauben wir, wir müssten unseren Kindern richtiges und falsches Verhalten beibringen. Denn die meisten von uns haben die Idee verinnerlicht, dass richtiges Verhalten mit Liebe belohnt wird. Wir haben den

Zugang zu unserer Intuition verloren und orientieren uns stattdessen an den Erwartungen anderer. Weil wir uns wünschen, dass unsere Kinder in der Gesellschaft zurechtkommen, und weil wir glauben, dass sie dafür lernen müssen, was richtig und was falsch ist – genauso wie wir dies lernen mussten –, beginnen wir zu meckern und zu schreien. Dabei hat genau dieses Verhalten unserer Bezugspersonen unser Selbstwertgefühl nachhaltig beschädigt und dazu geführt, dass wir Minderwertigkeitsgefühle entwickelt haben. Mit der Zeit wurden die kritischen Stimmen unserer Eltern zu unseren eigenen inneren Stimmen. Erwachsen zu werden bedeutete somit, dass wir selbst unser stärkster Kritiker wurden. Heute brauchen wir niemanden mehr, der uns wissen lässt, was wir falsch gemacht oder wo wir versagt haben. Das erledigen unsere eigenen inneren Stimmen ganz von allein.

Wünschen wir uns Kinder, die zu selbstbewussten und innerlich starken Persönlichkeiten heranreifen, gilt es also, darauf zu achten, dass sie so wenig negative, selbstkritische innere Stimmen wie möglich entwickeln. Als Eltern haben wir das in der Hand, denn so, wie wir heute mit ihnen sprechen, werden sie es in der Zukunft mit sich selbst tun. Es geht folglich darum, für unsere Kinder ein Umfeld zu schaffen, in dem sie so wenig Kritik wie möglich ausgesetzt sind. Denn Kritik macht niemanden besser, sie zerstört nur den Glauben an sich selbst und tötet Vertrauen. Kritik beginnt immer dann, wenn du in Kauf nimmst, dass das, was du sagst und wie du es sagst, in deinem Kind negative Gefühle auslöst. Wer Angst haben muss, kritisiert zu werden, hört nicht mehr hin und lässt sich nicht anleiten.

Ein häufiger Einwand, der uns immer wieder erreicht, ist: «Die Kinder wissen doch noch nicht, was richtig und falsch ist. Das müssen wir ihnen doch beibringen.» Was jedoch wäre, wenn auch das nur ein Glaubenssatz ist, der nur deshalb existiert, weil er von vielen für wahr erachtet wird? Michaeleen Doucleff beschreibt in ihrem Buch «Kindern mehr zutrauen»[7] das Elternverhalten der Inuit. Bei den Inuit gilt das ungeschriebene Gesetz, dass Kinder niemals angeschrien werden. Sollte einmal ein Missgeschick passieren und ein Kind beispielsweise eine volle Kaffeetasse herunterwerfen, wird einfach aufgewischt, begleitet von der Aussage, dass die Tasse wohl am falschen Platz stand und deshalb runterfallen konnte. Niemand spricht darüber, dass das Kind besser nicht so wild gewesen wäre, dass es hätte vorsichtiger sein müssen etc. Der Erfolg gibt den Inuit recht. Denn ihre Kinder werden zu unfassbar kooperativen, hilfsbereiten und umsichtigen Erwachsenen.

Wäre heute nicht ein guter Zeitpunkt – wenn nicht schon geschehen –, um endgültig zu entscheiden, dass du nie wieder die Stimme gegen deine Kinder erheben wirst und fortan auf Kritik verzichtest?

Wenn du magst, kannst du nun anfangen, dein Glaubenssystem umzutrainieren. Nutze dafür gern das «Interessante-Ansicht-Spiel». Das funktioniert folgendermaßen: Wann immer in dir der Impuls aufsteigt, du müsstest dein Kind kritisieren oder es wissen lassen, dass es sich besser anders verhalten sollte, sage dir folgenden Satz: «Das ist ja eine interessante Ansicht!» oder «Das ist ja eine interessante Ansicht, dass ich jetzt dies oder jenes kritisieren müsste» oder «Das ist ja eine interessante Ansicht, dass ich mein Kind wissen lassen muss, wenn es aus meiner Sicht etwas falsch gemacht hat.» Und du könntest neugierig werden, mehr über dein Kind zu erfahren: Welche Sicht auf die Welt will mir mein Kind da gerade schenken? Wie viel weiter kann mein Blickwinkel und damit meine Welt werden, wenn ich mich auf mein Kind einlasse?

Zusätzlich kannst du dich entscheiden, immer häufiger liebevoll zu sein. Nutze dazu das Mantra: «Lass die Antwort meines Lebens Liebe sein.» Damit kannst du dich immer wieder neu ausrichten und dein Herz für dich und dein Kind offen halten. Denn warum solltest du dein Kind kritisieren wollen, wenn du doch weißt, dass es immer sein Bestes gibt?

Vertraue darauf, dass dein Kind zu einem wertvollen Mitglied unserer Gesellschaft werden wird, auch ohne dass oder gerade weil es nicht kritisiert wird. Dazu schauen wir uns im nächsten Kapitel genauer an, wie Kinder lernen und warum wir getrost darauf verzichten können, ihnen etwas beizubringen.

24. | Wie Kinder lernen

Am Anfang des Lebens lernen Kinder intrinsisch motiviert, also aus sich selbst heraus, ohne dass wir ihnen etwas beibringen. Indem sie die ihnen angeborenen Lernstrategien – nachahmend, wiederholend und variierend – benutzen, erschließen sie sich die Welt. Aus purer Begeisterung und voller Freude am Tun ahmen sie uns nach, wiederholen dieselbe Tätigkeit viele Hundert Male und erwerben so eine Fähigkeit nach der anderen. Ihr Gehirn wächst von selbst. Sie brauchen niemanden, der sie motiviert oder anspornt. Mit einer Engelsgeduld schütten sie Wasser von einem Gefäß in das andere, üben sich im Reden und kauen uns mitunter ein Ohr ab. Sie stehen auf und fallen hin, sammeln sich kurz und üben weiter. Immer und immer wieder. Sobald sie laufen gelernt haben, machen sie weiter, lernen klettern, rennen, tanzen. Ganz ohne unser Zutun. Genauso verhält es sich mit dem Sprechen. Vorausgesetzt, jemand spricht mit ihnen, lernen sie von selbst sprechen, ohne dass wir ihnen beibringen, dass das ein Hund und jenes ein Bär ist. Auch das logische Denken entwickelt sich wie durch Zauberhand im Spiel. Solange wir den Raum vorbereiten, Materialien bereitstellen und Erfahrungen ermöglichen, lernen

Kinder in ihrem Tempo vollkommen eigenständig. Je älter unsere Kinder werden und je tiefer sie im Bildungssystem verhaftet sind, desto mehr verschwindet diese intrinsische Motivation und wird durch die sogenannte extrinsische Motivation ersetzt. Das ist die Leistungsmotivation. Es zählt nicht mehr der Prozess, die Freude am Tun, stattdessen rückt das Ergebnis in den Vordergrund. Wie viele Kinder kennst du, die sich durch Aufgaben und Lerninhalte quälen, weil sie in der nächsten Klassenarbeit abgefragt werden? Aus Angst vor schlechten Noten und Kritik durch uns Eltern versuchen sie, sich mit Inhalten zu beschäftigen, die sie nicht interessieren. Dabei wissen wir längst, dass Angst lähmt und die Verknüpfung von Lerninhalten verhindert. Außerdem unterbindet Angst das kreative Denken, das uns ermöglicht, Lösungen zu finden. Wer Angst vor der Reaktion seiner Bezugspersonen haben muss, ist neurobiologisch nicht in der Lage, zu lernen oder gelernte Inhalte abzurufen. Andererseits wissen wir, dass Begeisterung im Gehirn wie Dünger wirkt, wodurch Kinder in Rekordgeschwindigkeit neue neuronale Verbindungen bilden können.

1. Warum also glauben wir, dass wir das Lernen unserer Kinder steuern müssten?

2. Wieso hält sich die Idee so hartnäckig, dass Kinder sich verbessern, wenn sie kritisiert werden?

Es gibt keine wissenschaftliche Datenbasis dafür. Ganz im Gegenteil müssen wir uns doch nur anschauen, wie kleine Kinder lernen. Sie sind in der Lage, so unfassbar fokussiert und ausdauernd an einer Sache zu arbeiten, dass sie uns oft in den Wahnsinn treiben – zum Beispiel, wenn sie Hunderte Male das Licht an- und ausschalten.

3. Warum glauben wir, dass wir Kinder auf ihre Fehler hinweisen müssten?

4. Was, wenn Versuch und Irrtum einfach zum Lernen dazugehören dürfen und es keine Notwendigkeit gibt einzugreifen, solange keine Gefahr droht (siehe Kapitel 26)?

5. Was, wenn unsere Kinder durch Nachahmen, Wiederholen, Variieren immer weiter lernen? Was, wenn wir sie nicht verbessern müssen, weil wir damit nur ihren inneren Lernplan stören?

6. Was, wenn wir darauf vertrauen können, dass unsere Kinder in einer anregenden Umgebung all das lernen, was sie brauchen, um ihr Genie und ihre Gabe mit der Welt zu teilen?

7. Könnten wir als Eltern dann nicht beginnen, Vertrauen in uns selbst als Vorbilder zu entwickeln?

Lasst uns bitte anfangen zu glauben, dass unsere Kinder sich all die kognitiven und sozialen Fähigkeiten, die uns so wichtig sind, von uns abschauen und sie durch unser Vorleben erwerben.

> «Wir können Kinder nicht bilden, wir können
> sie nur einladen, sich selbst zu bilden.»
> (Prof. Dr. Gerald Hüther)[8]

Und ja, wir wissen, dass wir dich vor die Herausforderung stellen, diese Sichtweise mit dem gängigen Bildungssystem zusammenzubringen. Wir haben uns dennoch dazu entschieden, auch dieses Tool hier abzubilden. Denn wir sind der Meinung, dass sich etwas ändern muss. Und sei es nur, dass du die Freizeit deines Kindes an seinen Lernstrategien – nachahmen, wiederholen, variieren – ausrichtest. Lass mich noch ein paar Sätze zum Variieren sagen. Die Fähigkeit zur Variation bedeutet, in der Lage zu sein, verschiedene Inhalte und Strategien miteinander zu verknüpfen und daraus etwas Neues zu entwickeln.

So ist zum Beispiel der iPod eine Variation aus Computer und Walkman. Oder die Glühbirne eine Variation aus Helligkeit ohne Gefahr durch offenes Feuer. Jede Erfindung dieser Welt ist das Ergebnis eines kreativen Geistes. Und kreativ bleiben Kinder, wenn sie die Möglichkeit zur Variation behalten dürfen. Auch wenn das für uns als Eltern mitunter herausfordernd ist, weil mit dem Finger in der Tomatensoße auf dem Teller malen dann keine Sauerei, sondern einfach nur eine Variation von «Malen mit Wasserfarben» ist.

25. | So wird dein Kind fit für die Zukunft

Zahlreiche Studien, Wissenschaftler, aber auch Erfahrungs-
berichte aus Urvölkern weisen alle in dieselbe Richtung und
zeigen auf, was Kinder zum Großwerden brauchen und wie sie
fit für ihr eigenes Leben werden.

Als Erstes müssen sie sich zugehörig und verbunden fühlen
können. Dieses Gefühl ist das grundlegendste kindliche Bedürfnis – einfach, weil es überlebensnotwendig für das Kind ist. Ein
Kind kann ohne Liebe aufwachsen, aber allein ist es verloren.
Jedes Kind gibt alles, um sich zugehörig und verbunden fühlen
zu können. Falls es Eltern hat, die wenig fokussiert sind und
ihrem Kind in der Regel keine intensive und ungeteilte Aufmerksamkeit zukommen lassen, wird das Kind Verhaltensweisen
entwickeln, die in den Eltern zu starken negativen Emotionen
führen. Weil es dem Kind so besser gelingt, sich mit der Mama
oder dem Papa zu verbinden. Zugehörigkeit entsteht durch eine
intensive emotionale Verbindung. Du kannst dir das wie einen
Magnet vorstellen, den es zwischen dir und dem Kind gibt.
Je kongruenter, fühlbarer und präsenter du als Elternteil bist,
desto leichter gelingt es dem Kind, sich über positive Emotionen

mit dir zu verbinden. Andernfalls nutzt es negative Emotionen. Falls das eure Dynamik widerspiegelt, könntest du statt genervt, frustriert oder verärgert zu sein, erkennen, dass dieses Verhalten die beste Option deines Kindes ist, und dich fragen, wie du deinem Kind mehr ungeteilte Aufmerksamkeit schenken, es im Alltag mehr beteiligen oder es ermutigen kannst.

Das zweite Grundbedürfnis, das erfüllt sein muss, damit Kinder fit werden für die Zukunft, ist das Bedürfnis nach Autonomie und Individualität. Jeder Mensch möchte auf seine ganz individuelle Weise er oder sie selbst sein dürfen. Kinder wollen sich ausprobieren, sie wollen selbst entscheiden, was sie wann tun, womit sie sich auseinandersetzen oder beschäftigen. Kinder brauchen das Gefühl von Autonomie und Eigenverantwortung, um sich als selbstwirksam erleben zu können. Jedes Kind will selbstständig werden. Es möchte uns zeigen, was es schon allein kann. Welche Lösungswege es gefunden hat und wie es Verantwortung für sich selbst übernommen hat. Vielleicht kennst du das, wenn dreijährige Kinder mit Feuereifer beim Fensterputzen helfen, dabei das ganze Zimmer unter Wasser setzen, mit dem Bodenwischer das Fenster malträtieren und dann einen Schmetterling im Garten sehen und sofort wegrennen. Das ist ein typisches Verhalten, denn einerseits wollen Kinder die Dinge auf ihre eigene Weise tun und gleichzeitig kann sich ihre intrinsische Motivation innerhalb von Sekunden ändern. Als Eltern sind wir manchmal herausgefordert, beides zuzulassen. Aber sei dir gewiss: Wenn du in solchen Situationen tief atmest und aushältst, legst du den wichtigsten Grundstein für eine spätere gute Kooperation des Kindes. Denn nur weil viele Kinder nicht auf die Art und Weise helfen durften, die ihnen entspricht, verlieren sie mit der Zeit die Lust. Ich erinnere mich noch gut daran, dass ich als Kind oftmals die Hilfsdienste übernehmen musste, statt die spannenden Aufgaben machen zu dürfen. Wenn es schwierig ist, dem Kind die volle Autonomie zuzugestehen, kannst du mit Wahlmöglichkeiten arbeiten: Möchtest du jetzt lieber das Fenster oder den Boden putzen? Das Fenster kannst du mit diesem Lappen wischen, für den Boden kannst du diesen Wischer nehmen. Wie magst du es haben? Damit stellen wir sicher, dass das Kind das Fenster nicht mit dem Wischmopp zerkratzt und geben dennoch nicht vor, wie es sich zu verhalten hat.

Das dritte Bedürfnis, das erfüllt sein muss, damit Kinder fit für die Zukunft werden, ist das Erleben von Selbstwirksamkeit. Das Kind muss merken, dass sein Beitrag für die Gemeinschaft bedeutsam ist. Dass es zum Gelingen des Zusammenlebens beiträgt. Daraus resultiert, dass wir in Kauf nehmen müssen, dass das Fenster eben nicht entsprechend unseren Ansprüchen sauber ist. Oder dass es beim Plätzchenbacken ganz dünne und superdicke Kekse gibt. Dass der Tisch auch nach dem Abwischen noch klebt oder dass die Spülmaschine anders eingeräumt ist, als wir das tun würden. Für die meisten Eltern ist es eine riesige Herausforderung, nicht zu verbessern oder zu korrigieren. Verzichte auch darauf, nachzufragen, ob das Kind wissen will, wie es besser geht. Du machst die Aufgaben auf deine Weise und bedankst dich bei deinem Kind, dass es dir hilft. Du lässt es wissen, wie wertvoll es für euch als Familie ist und wie froh du bist, dass es sich einbringt. Es wird mit der Zeit immer neue Fertigkeiten entwickeln und immer besser darin werden, dich und deine Tätigkeiten nachzuahmen. Aus einer intrinsischen Motivation heraus einen Beitrag für die Gemeinschaft leisten zu wollen, ist ein so viel wertvolleres Gut als die Frage, ob die Tätigkeit auf die eine oder andere Weise erledigt ist. Hüte dich auch davor, dem Kind hinterherzuputzen oder aufzuräumen. Unsere Kinder merken genau, ob wir ihr Tun schätzen oder nur so tun als ob.

26. | Was könnte schlimmstenfalls passieren?

Diese Frage ist eine der Zauberfragen von #gemeckerfrei®. Sie kann dich dabei unterstützen, passende Entscheidungen zu treffen, wann du dein Kind ausprobieren lassen kannst und wann du besser eingreifen solltest. Denn wie im letzten Kapitel gezeigt, wollen Kinder uns Eltern nachahmen, sie brauchen den Raum, um durch unzählige Wiederholungen neue Trampelpfade in ihrem Gehirn entstehen zu lassen, und sie müssen ihre Fähigkeiten variieren dürfen. Unser Job als Eltern besteht darin, den Rahmen zu schaffen, in dem das Kind diese Erfahrungen sammeln kann. Statt das Kind dazu erziehen zu wollen, nicht in den Brunnen zu klettern, wäre es viel hilfreicher, einfach ein Brett über die Öffnung zu legen, sodass das Kind sicher ist und du dir keine Sorgen machen musst. Versuche, so oft wie möglich eine Umgebung zu schaffen, in der sich das Kind ausprobieren kann. Übrigens gilt das auch für ältere Kinder bis hin zu Teenagern. Um eine Idee davon zu bekommen, was tatsächlich gefährlich ist und wo uns unser eigenes Eltern-Ich nur irgendwelche alten Programmierungen vorgaukeln will, hilft die Zauberfrage: «Was könnte schlimmstenfalls passieren?» Diese Frage katapultiert dich innerhalb von Sekunden in dein Erwachsenen-Ich (siehe Kapitel 8) und du kannst erkennen, wo dein Eingreifen gefragt und erforderlich ist. Wann immer in deinem Gehirn als Antwort auf die Frage Bilder einer wirklich gefährlichen Verletzung oder von unwiderruflich zerstörten Dingen auftauchen, gilt es einzugreifen. Dabei ist ein aufgeschlagenes Knie bestimmt schmerzhaft, aber nicht gefährlich. Also sei achtsam, in welchen Situationen du versuchst, dein Kind in Watte zu packen. Lass es eigene Erfahrungen machen und behüte es, so gut es geht, vor schwerwiegenden Verletzungen.

Was auch immer dein Kind tut und wann immer du unsicher bist, ob du eine Grenze ziehen, den Rahmen stecken, ein Verbot aussprechen oder anders eingreifen musst, frage dich selbst: «Was könnte schlimmstenfalls passieren?» Angenommen, ein zweijähriges Kind will auf eine viel befahrene Straße laufen. Da musst du selbstredend sofort eingreifen, denn das ist gefährlich und das Kind kann die Folgen nicht abschätzen. Anders verhält es sich bei einer gut einsehbaren Straße im Ort, wo du das Kind laufen lassen kannst, weil du im Notfall schnell genug reagieren kannst. Es droht keine Gefahr. Und bereits an diesem Beispiel kannst du sowohl die Genialität der Frage als auch die damit verbundenen Herausforderungen erkennen. Manche Eltern würden jetzt vielleicht anmerken, dass das Kind doch lernen muss, dass es nicht allein auf die Straße laufen soll. Deshalb müssten sich Eltern immer gleich verhalten und das Kind auch nicht auf die Straße laufen lassen, wenn diese übersichtlich und ruhig ist. Weil «man» das eben nicht macht. Dabei sind kleine Kinder gemäß der Entwicklungsstufe ihres Gehirns noch gar nicht in der Lage, diese Zusammenhänge zu erkennen und zu übertragen.

Auch bei größeren Kindern tut die Zauberfrage unfassbar gut. Angenommen, das Kind weigert sich, Hausaufgaben zu machen. Statt dich auf endlose Diskussionen einzulassen, frage dich einfach: «Was könnte schlimmstenfalls passieren?» Wahrscheinlich stellst du fest, dass es dann ohne die erledigten Hausaufgaben zur Schule gehen muss. Das mag unangenehm sein, ist aber nicht gefährlich. Ganz im Gegenteil, es ermöglicht deinem Kind, aus eigenen Erfahrungen zu lernen. Also kannst du dich zurücknehmen, deine Erwartungen zurückschrauben und deinem Kind die Verantwortung übertragen. Ein weiteres Beispiel: ein Teenager, der seine ersten Erfahrungen mit Alkohol machen und dafür hochprozentigen Schnaps kaufen will. Da die Gefahr besteht, dass er sich damit ins Koma katapultieren könnte, könntest du ihm Wahlmöglichkeiten anbieten wie: «Magst du erstmal mit einem Bier starten oder einem Glas Wein? Oder wenn es unbedingt Schnaps sein soll, dann in meiner Gegenwart. Du kannst entscheiden.»

Reflektiere gern einmal deinen Alltag und finde heraus, in welchen Situationen dir unsere Zauberfrage helfen kann, neue Entscheidungen zu treffen und dein Kind dabei zu unterstützen, eigene Erfahrungen zu machen.

ABENTEUER
FAMILIENLEBEN

Ich gebe dir noch ein paar Beispiele:

- Zimmer aufräumen: Wenn die Wege zum Bett und zum Fenster begehbar sind, geht von einem chaotischen Zimmer keine Gefahr aus. Also kann ich mich bei diesem Thema raushalten und dem Kind überlassen, wann aufgeräumt wird.

- Baden: Das Kind hat viel Spaß am Baden und lässt die Wanne ein zweites Mal volllaufen. Okay, das verbraucht mehr Wasser als nötig, aber genau genommen verschwenden wir alle immer mal Wasser. Solange es nicht jeden Tag vorkommt, kann ich das Kind gewähren lassen.

- Essen: Das Kind verweigert gekochtes Gemüse, isst aber reichlich Rohkost, also kann es keinen Mangel an Vitaminen und Mineralstoffen erleiden. Auch wenn ich gern hätte, dass es das gekochte Gemüse isst, kann ich ihm die Entscheidung überlassen, denn ich finde nichts, was Schlimmes passieren kann.

Abschließend schenken wir dir hier noch drei Schritte, wie du den Umgang mit der Zauberfrage immer besser auszuhalten lernst:

1 Loslassen – keine Mama und kein Papa kommt da drum herum. Je früher du das Loslassen trainierst und verstehst, dass dein Kind ein eigenständiger Mensch ist, umso leichter gelingt es dir in der Pubertät.

2 Aushalten, dass dein Kind seine eigenen Erfahrungen machen und Dinge nach seinem Gutdünken ausprobieren will.

3 Vertrauen, dass du als Vorbild Einfluss hast. So sind inzwischen alle unsere Kinder Vegetarier – ohne dass wir das jemals gefordert oder forciert hätten.

ABENTEUER
FAMILIENLEBEN

27. | Würde ich das mögen?

Das ist die zweite Zauberfrage von #gemeckerfrei®: «Würde ich das mögen?» Ist dir schon einmal aufgefallen, dass es Dinge gibt, die du ganz selbstverständlich von deinen Kindern erwartest, obwohl du selbst es überhaupt nicht leiden könntest, wenn andere Menschen das Gleiche von dir verlangen würden? Verrückt, oder? Stell dir einmal vor, jemand käme vorbei und würde dir vorschreiben, was du wann zu essen hast, wann du ins Bett gehen musst, welche Kleidung du anziehen sollst, welche Musik du hören darfst, welche Freunde du treffen kannst ..., um nur ein paar Beispiele zu nennen.

Wir haben festgestellt, dass ein Großteil jedes Gemeckers vollkommen unnötig ist und nur deshalb entsteht, weil unsere Kinder sich von uns nicht in vorgefertigte Formen pressen lassen wollen. Wenn andere einem die Haare kämmen, tut das einfach weh. Ich jedenfalls würde es nicht mögen, wenn mich jemand ungefragt kämmen wollen würde. Und wenn ich satt bin, dann kann und will ich nichts essen. Das kann sogar passieren, wenn ich den ganzen Tag kaum etwas gegessen habe. Ich mag auch faule Tage haben dürfen, an denen ich mir erlaube, keinen Sport zu machen. Ich würde es hassen, wenn zum Beispiel Bernd dann käme und mich triezen würde, mich doch zu bewegen. Überprüfe das einmal für dich. In welchen Situationen erwartest du von deinen Kindern, dass sie sich anpassen? Und würdest du das selbst mögen? In der Regel geht es dabei übrigens nicht um konkrete Dinge wie essen, Sport machen oder Haare kämmen. Viel wesentlicher ist die Frage, ob andere Menschen über mich bestimmen dürfen. Weil wir Eltern aufgrund erlernter Muster häufig noch der Meinung sind, dass Kinder auf uns hören sollen, sind Konflikte vorprogrammiert. Jedes Kind möchte sich als autonomes, eigenständiges Individuum erleben und für sich selbst Entscheidungen treffen. Unserer Meinung nach hat ein Kind, das anfängt sich in solchen Situationen zu beschweren, vollkommen Recht. Gestützt wird dies unter anderem durch die UN-Kinderrechtskonvention, die besagt, dass Kinder das Recht haben auf eine gewaltfreie Erziehung. Und Gewalt beginnt schon sehr viel früher, als wir üblicherweise meinen. Denn schon, wenn ich dem Kind ohne sein Einverständnis die Haare kämme oder vorgebe, was es zu essen hat, wenn ich es anschreie oder in Kauf nehme, dass es vor mir Angst hat, beginnt gewaltvolles Verhalten. Demzufolge gelten all diese Handlungen als erste Form von Kindeswohlgefährdung[9], denn sie sabotieren die Integrität und das Recht auf Selbstbestimmung des Kindes. Ich erinnere mich noch gut, wie es mir kalt den Rücken runtergelaufen ist, als ich das erste Mal mit diesem Gedanken konfrontiert war. Was hatte ich für ein schlechtes Gewissen! Denn natürlich hatte ich all diese Dinge schon einmal getan. Aber – und das ist der Grund, warum ich dir diese Informationen hier zumute: Ich habe an diesem Tag beschlossen, dass ich nicht mehr laut werde, dass ich meine elterliche Macht nicht mehr missbrauchen und dafür Sorge tragen werde, dass all die Eltern, die aus Unwissenheit gewaltvoll werden, erfahren, wie sie dies verändern können. Danke an dich, dass du zu den Eltern gehörst, die nun mit diesem Wissen leben und ihr Bestes geben, Eltern-Kind-Beziehungen immer würdevoller zu gestalten. Stell dir einfach nur mal vor, wie deine Urenkel aufwachsen können, wenn du den traditionellen Machtkreislauf hier und jetzt unterbrichst und deine Kinder wirklich gleichwürdig begleitest: Was werden deine Kids für Erwachsene, was für Eltern, was für Großeltern ... Da bekomme ich direkt Gänsehaut. Allein wenn wir unsere erwachsenen Kinder beobachten, wie die Beziehung leben, für ihre Bedürfnisse einstehen, andere im Blick haben und in sich ruhen. Jeder kleine oder große Schritt, den du gehst, ermöglicht deinen Kindern ein Leben voller Selbstermächtigung und Eigenverantwortung.

Bei all den Punkten, gegen die dein Kind bisher rebelliert hat, stell dir die zwei Zauberfragen:

1 Was könnte schlimmstenfalls passieren?
Besprich dich dazu gern mit deiner besseren Hälfte oder auch mit Freunden. Bei Bernd und mir ist es so, dass ich manchmal Gefahren sehe, wo Bernd noch vollkommen entspannt ist. Wir haben für uns entschieden, dass immer die Einschätzung des Mutigeren von uns zählt.
Würde ich es mögen, wenn jemand anders ungefragt über mich bestimmt?

2 Wann immer du beide Fragen ehrlich mit Nein beantwortest, kannst du deinem Kind gegenüber dein Bedauern ausdrücken, dass du es bisher nicht besser wusstest, und kannst ab jetzt Wege mit ihm finden, wie es bei diesen Themen selbst entscheiden und Verantwortung übernehmen kann. Außerdem zeigt das Nein als Antwort auf die zwei Zauberfragen, dass dein Kind sich zurecht beschwert oder aufbegehrt hat. In der Folge kannst du direkt beginnen, eine Menge kleiner Konfliktpunkte aus eurem Leben zu eliminieren. Denn die meisten Streitereien entstehen in Familien, weil Kinder glücklicherweise nicht bereit sind, sich ihren Eltern unterzuordnen – und dies aus einem ganz einfachen Grund: Um im Erwachsenenleben bestehen zu können, müssen Menschen eigenverantwortlich, selbstständig und selbstbestimmt handeln können. Doch wie sollen unsere Kinder das lernen, wenn sie sich in ihrer Kindheit stets unterordnen sollen? Dieser Widerspruch führt zu solch großen inneren Spannungen, dass Gemecker, Geschrei und Wutausbrüche unvermeidbar sind. Lasst uns unseren Kindern diese Last abnehmen. Du wirst sehen, dass ihr dadurch alle mehr und mehr Energie für andere Dinge zur Verfügung habt.

28. | Was würde die Liebe tun?

Du hast in jedem Moment die Wahl. Du kannst jederzeit entscheiden, worauf du deine Aufmerksamkeit richtest. Die dritte Zauberfrage von #gemeckerfrei® bietet dir eine Hilfestellung, um dich erst gar nicht aufzuregen oder zu ärgern. Denn sobald du dich daran gewöhnst, bevor du reagierst kurz zu prüfen, was denn die Liebe in diesem Moment tun würde, vermeidest du, im Autopiloten in den Meckermodus zu schalten. Die Frage «Was würde die Liebe tun?» führt nicht automatisch dazu, dass du zu allem Ja und Amen sagst. Denn Laissez-faire ist nicht Liebe (mehr dazu in Kapitel 30). Aber die Frage führt einerseits dazu, dass du dir bewusst machst, deine Reaktion wählen zu können. Zum anderen regen wir uns üblicherweise über Dinge auf, die es am Ende des Tages gar nicht verdient haben, dass wir ihnen so viel Aufmerksamkeit schenken. Mit der Frage «Was würde die Liebe tun?» werden wir sofort weicher. Wir nehmen Dinge nicht mehr so wichtig und können uns erlauben, unserem Kind gutzutun. Du kannst ein Kind nämlich nicht verwöhnen. Das ist totaler Quatsch. Du kannst nur seinen Liebestank füllen. Du kannst es die Erfahrung machen lassen, dass es auf dieser

Welt willkommen ist und dass es Menschen gibt, die ihm gut-tun wollen. Statt also elendige Diskussionen zu führen über das Geschirr, das wieder nicht in die Spülmaschine geräumt wurde, oder andere Kleinigkeiten, kannst du dich fragen, was die Liebe tun würde. Und wenn es sich wohlig anfühlt, die Spülmaschine für das Kind einzuräumen, dann mach das doch einfach. Schau, natürlich kann ich mir selbst Kaffee kochen. Dennoch liebe ich es, wenn Bernd es für mich tut. Für mich ist das ein wunder-voller Liebesdienst, den ich enorm schätze. Es fällt uns doch bei den meisten Dingen kein Zacken aus der Krone, wenn wir Auf-gaben für andere übernehmen. Und verabschiede dich von dem Gedanken, dass dein Kind dadurch womöglich nie lernen wird, eine Spülmaschine einzuräumen. Vergrößere den Bezugsrahmen (vgl. Kapitel 22) und sei gewiss, dass dein Kind alles lernen wird, was es braucht. Vielleicht nicht heute oder morgen, aber in den nächsten Jahren bestimmt. Gleichzeitig wird dein Kind noch etwas anderes verinnerlichen: Es wird es für selbstverständlich halten, anderen Menschen gutzutun. Es wird seine Antennen schulen und erkennen, wann jemand an welcher Stelle Unter-stützung benötigt und diese ganz selbstverständlich gewähren. Unsere Kinder beispielsweise bemerken immer, wenn jemand am Tisch gerade klebrige Finger und keine Serviette zur Hand hat und organisieren sie wortlos. Die Liebe zum Maßstab deines Handelns werden zu lassen, schult deine Kinder in Achtsamkeit und Mitgefühl – ganz automatisch und ohne dass du ein Wort darüber verlieren musst. Ist das nicht genial?

29. Aus einer leeren Tasse kann man nicht trinken

Vielleicht kennst du es von dir, dass es Zeiten gibt, in denen es dir unfassbar schwerfällt, mit liebevollem Blick auf deine Kinder zu schauen. Momente, in denen sich in dir schon bei dem Gedanken, die Jacke einfach schnell selbst wegzuräumen, alles auf links dreht – einfach, weil du es nicht einsiehst, diese Aufgabe auch noch zu übernehmen. Wenn sich alles in dir nach Unterstützung sehnt und es unerträglich erscheint, noch mehr zu geben. Ich kenne diese Gefühle gut und wir haben erkannt, dass solche Gefühle nur dann entstehen können, wenn wir schon längst über dem Limit sind. Wenn unsere Batterien so leer sind, dass wir das letzte Fitzelchen Energie brauchen, um unseren Alltag zu bewältigen. Wenn die eigene Tasse leer ist, gibt es keinen inneren Raum, den du für dein Kind öffnen kannst. Du kannst nicht mehr geben, weil du das letzte bisschen Power für dich selbst benötigst. In der Folge fangen wir an, uns abzukapseln. Wir erwarten von den Kindern, dass sie mithelfen oder uns unterstützen, und werden womöglich hart oder motzig, nur um zu verhindern, dass noch mehr von uns gefordert wird. Ich kann mich gut an die Zeit erinnern, als wir vier kleine Kinder hatten, beide beruflich selbstständig tätig waren, keine Familie in der Nähe hatten, die uns hätte unterstützen können – da war jeder Tag ein neuer Gipfelsturm und hat uns Höchstleistungen abverlangt. Allerdings sind unsere Kinder nicht dafür verantwortlich, wie wir Eltern uns und unser Leben organisieren. Es ist nicht ihre Aufgabe, uns zu unterstützen oder Verständnis zu haben für unseren Stress. In dem Moment, in dem wir das von den Kids erwarten, entsteht ein systemisches Ungleichgewicht, weil wir aus unserer Schwäche heraus die Führung abgeben. Kinder lernen erst im Laufe ihrer Kindheit zu kooperieren und diesen Prozess können wir nicht beschleunigen, indem wir mehr Mithilfe von ihnen erwarten, als sie von sich aus zu leisten in der Lage sind.

Stattdessen haben Bernd und ich schon immer nach Wegen gesucht, wie wir unser Leben um unsere Kinder und uns als Familie herum aufbauen können. Wir als Eltern sind dafür verantwortlich, einen Alltag zu erschaffen, der für uns alle passend und im besten Fall erfüllend ist. Denn wann immer wir von unseren Kindern erwarten, sich in unser Leben einzufügen, werden sie ihren Finger zielsicher in die Wunde legen und aufzeigen, wo etwas nicht rund läuft. Dafür empfänglich zu sein, bedeutet für uns Gleichwürdigkeit – weil eben jede und jeder, unabhängig vom Alter, auf die ihr bzw. ihm mögliche Weise Verbesserungsvorschläge machen kann, darf und auch soll.

Bevor wir gleich zum Thema Energielevel kommen, möchte ich dich inspirieren, zu überprüfen, wie ihr gerade euer Leben gestaltet: Müssen eure Kinder in euer Leben passen? Oder macht ihr euer Leben passend für eure Kinder und euch als Eltern?

Und was bedeutet es konkret, das eigene Leben an den Bedürfnissen der Kinder auszurichten?

Für Bernd und mich war zum Beispiel immer klar, dass wir unsere Arbeitszeiten so organisieren, dass einer von uns für die Kinder da sein kann. Dass niemand Stress bekommt, wenn ein Kind krank ist oder einfach keine Lust auf Kita oder Schule hat und einen Tag Pause braucht. Denn wir haben festgestellt, dass Kinder ein sehr feines Gespür dafür haben, was sie gerade brauchen. So oft hat der gewährte eine Tag Pause anschließendes Kranksein verhindert. Weil sich das Kind, ohne richtig krank werden zu müssen, ausruhen durfte.

Bei uns ist es so, dass immer alle in die Lebensgestaltung mit einbezogen werden. Dass wir beispielsweise #gemeckerfrei® gegründet haben, ging mit von unserem jüngsten Sohn aus, der sich beschwert hat, dass ich nachmittags so selten zu Hause war, weil ich meine Seminare früher immer außer Haus gegeben habe und oft erst gegen 17 Uhr nach Hause kam. Und als einer unserer Söhne auf seiner Schule nicht glücklich war, haben wir gemeinsam entschieden, innerhalb von Deutschland umzuziehen. Immer wieder werden wir gefragt, wie das denn jetzt auf unserer Weltreise sei, wer da was entscheide und was wir tun würden, wenn sich zum Beispiel einer der Jungs irgendwo verlieben würde. Die Antwort ist total simpel: Wir entscheiden alles zusammen. Und wir finden immer Wege, die für alle passend sind. Da unsere Kinder gelernt haben, dass ihre Meinung zählt, sind sie unfassbar kooperativ (mehr dazu im Kapitel 44).

Für eine gut gefüllte Tasse, die im besten Fall nie leer wird, und ein stabiles Energielevel kannst du also aus verschiedenen Richtungen losgehen. Ich finde es entlastend, zu erkennen, dass ich einen Tunnel immer von zwei Seiten graben kann. Zum einen gilt es, euren Alltag so zu gestalten, dass er zu euch passt. Sucht euch Unterstützung für Tätigkeiten, die euch unnötig Kraft kosten oder einfach keine Freude machen. Findet euren Weg, Arbeit und Familie zu vereinen. Seid mutig, neue Wege zu gehen, falls ihr merken solltet, dass es so, wie es ist, nicht für alle passt.

Zum anderen ist es unerlässlich, gut für euch zu sorgen. Euer Energielevel im Blick zu behalten. Euch gegenseitig zu unterstützen. Darauf zu achten, dass ihr beide regelmäßig Auszeiten ohne die Kinder bekommt, um wieder auftanken zu können. Werft jedes schlechte Gewissen über Bord und macht euch bewusst, dass niemandem gedient ist, wenn ihr vor Erschöpfung zusammenbrecht oder krank werdet. Zum Beispiel wechselweise am Wochenende ausschlafen zu dürfen oder regelmäßig einen Tag in der Sauna, einen Termin bei der Massage oder einen Abend mit Freunden zu verbringen, kann wahre Wunder wirken.

Gleichzeitig kann es sein, dass du all dies schon tust, aber dennoch ständig erschöpft bist. Dann ist es naheliegend, dass du in diesen Auszeiten innerlich nicht abschalten kannst und im ständigen Dialog mit deiner inneren Motzkuh bist. Denn auch in der Sauna können wir uns mittels unserer Gedanken das Leben zur Hölle machen. Auch bei der Massage kann der innere Kritiker laut krakeelen und Selbstzweifel sind bei vielen ein gewohnter Begleiter bei der Shoppingtour. Solange dein innerer Kritiker, deine innere Motzkuh, dir das Leben zur Hölle macht, kannst du so viele Auszeiten planen, wie du willst, deine Tasse wird schneller leer, als du sie nachfüllen kannst. Wenn dich diese Thematik interessiert, empfehlen wir dir – wie schon häufiger erwähnt – all unsere Produkte rund um das Thema #gemeckerfrei® mit dir selbst werden.

30. Was passiert, wenn deine Kinder auf deinen roten Knöpfen Samba tanzen

Um mit deinen Kindern im Alltag #gemeckerfrei® leben zu können, bedarf es einer großen Bewusstheit: der Fähigkeit, wahrzunehmen, was geschieht, wie oder wann deine Kinder dich triggern und zu verstehen, dass du entscheiden kannst, wie du reagieren möchtest. Das ist im Übrigen auch einer der großen Unterschiede zu allen Ansätzen, die sich dem Laissez-faire zuordnen lassen. Denn während es im autoritären Stil jede Menge Regeln gibt, fallen diese im Laissez-faire einfach weg. In beiden Ansätzen handelt es sich jedoch nicht um einen bewussten und an den Erfordernissen der Situation und den Bedürfnissen der beteiligten Personen angepassten Umgang.

Natürlich: Die wenigsten Menschen stehen morgens mit dem Vorsatz auf, ihr Kind heute einmal so richtig anzumeckern. Ganz im Gegenteil nehmen wir uns eher vor, uns heute nicht triggern oder zur Weißglut bringen zu lassen. Und schwupp ist es doch wieder passiert. Lass uns in diesem Kapitel einmal kurz beleuchten, was da genau in uns passiert und warum dies für alle Beteiligten ein so unangenehmer Teufelskreis ist. Abschließend zeige ich dir einen weiteren Aspekt des Glitzerstaubs, den du vielleicht schon aus Kapitel 14 kennst. Let's start!

Wann immer dich dein Kind auf dem falschen Fuß erwischt und triggert, drückt es deine roten Knöpfe. Vielleicht hast du schon einmal beobachtet, dass dich ganz andere Dinge stören als beispielsweise deine Partnerin/deinen Partner, auch wenn ihr beide demselben Verhalten des Kindes ausgesetzt seid? Vielleicht geht der andere schon in die Luft, während du noch vollkommen gelassen sein kannst. Üblicherweise versuchen wir, das mit mangelnder oder größerer Geduld, mehr oder weniger Verständnis fürs Kind, dem allgemeinen Stresslevel usw. zu begründen. Dennoch gibt es vielleicht auch bei euch Themen, bei denen ihr beide schneller von null auf 100 seid, als ihr gucken könnt. Oder Themen, die euch beide einfach vollkommen kalt lassen, wohingegen die Oma oder der Nachbar so davon getriggert werden, dass ihr überlegt, das Kind dort nicht mehr betreuen zu lassen.

Wir können also festhalten: Ob uns etwas triggert oder nicht, hat nichts mit dem Verhalten des Kindes zu tun, sondern damit, welche Resonanz es in uns erzeugt. Welchen roten Knopf es trifft. Wann immer wir hochgradig emotional reagieren, es uns schwerfällt, etwas nicht persönlich zu nehmen, und wann immer wir uns nicht mehr im Griff haben, brechen in uns alte Emotionen, alte

Programmierungen, Glaubenssätze oder seelische Wunden auf. Wir reagieren dann nicht mehr aus dem Erwachsenen-Ich heraus, so wie es situativ angemessen wäre, sondern agieren aus unserem Kind-Ich und lassen unser verletztes inneres Kind auf die Bühne. Lass uns das einmal bildlich vorstellen: Dein Kind sagt etwas, das dich triggert. Das erweckt dein verletztes inneres Kind zum Leben. Du meckerst, schreist, schimpfst, drohst oder weinst und damit stehen sich jetzt nicht mehr ein Erwachsener (du) und ein Kind gegenüber, sondern genau genommen treffen zwei Kinder aufeinander. Ein leibhaftiges Kind und ein verletztes inneres Kind schreien einander an. Dein Kind ist davon vollkommen überfordert und irritiert, denn es versteht überhaupt nicht, was los ist. Denn du als seine Mama oder sein Papa, sein Alpha und sein Omega, sein Fixstern, dienst ihm als fester Orientierungspunkt im Leben. Eigentlich bist du der Große oder die Große in dieser Situation. Dein Kind hat gelernt: Du bist die Mama, der Papa und es selbst ist das Kind. Doch in diesem Moment bist du eben nicht mehr Mama oder Papa, sondern reagierst wie ein Kind – wie ein verletztes Kind, das durch all sein Gemecker hindurch um Hilfe schreit. Es kommt zu Kämpfen, harten Worten, gegenseitigem Beschuldigen, respektlosem Verhalten und verschlossenen Herzen. Dein Kind ist dabei völlig irritiert und versteht nicht mehr, was denn jetzt eigentlich los ist.

Die meisten von uns haben als Kinder gelernt, dass sie machtlos sind. Dass die Erwachsenen das Sagen haben. Und in dieser Extremsituation erlebst du dich wieder als machtlos. Du hast den Eindruck, du kannst tun, was du willst, dein Kind reagiert nicht auf dich. Das kann nur passieren, wenn du dich entmächtigt hast. Dein Kind will die Position des «Mächtigen» nicht haben, es übernimmt sie nur, um irgendwie Halt und Sicherheit zu erlangen. Dann erlebst du es als Tyrann, Dickkopf oder Wutbündel.

#gemeckerfrei® zu werden bedeutet, darauf zu achten, dass du deinem Kind den Halt gibst, den es benötigt, um sich sicher zu fühlen. Dazu braucht es keine Haltung der Macht, sondern innere Klarheit. Darum geht es im weiteren Verlauf des Buches.

Eines möchten wir noch anmerken: Den Glitzerstaub, den du über Situationen streust, in denen dein Kind dich triggert, verwendest du nicht für dein Kind. Es geht nicht darum, alles gut zu finden, was dein Kind macht, und mit allem fein zu sein. Den Glitzerstaub streust du für dich. Er schützt dich davor, getriggert zu werden. Damit du die/der Große bleiben und dein Kind durch die Situation führen kannst. Auf dem Weg zu einem gemeckerfreien Familienleben ist es bedeutsam, bewusst handeln zu können. Wenn dein Kind während deines Umlernprozesses mal mehr Süßigkeiten isst, eine zusätzliche Folge schaut oder du ein anderes Verhalten sozusagen durchgehen lässt, ist das nicht weiter schlimm – vorausgesetzt es hilft dir, ruhig zu bleiben. Im nächsten Schritt kannst du lernen, dein Kind mit liebevoller Klarheit zu führen.

31. | Wann bedürfnisorientiertes Elternsein Fastfood für die Kinderseele ist

In den letzten Jahren ist die Idee der bedürfnisorientierten Erziehung/Begleitung von Kindern immer weiter in der Mitte der Gesellschaft angekommen. Während es vor 24 Jahren, als wir Eltern wurden, noch eine Seltenheit war, dass Kinder im Tragetuch transportiert wurden oder im Familienbett schlafen durften, ist das heute schon viel üblicher. Zu Beginn dieser Entwicklung und der zunehmenden Orientierung an den kindlichen Bedürfnissen sind die Eltern jedoch relativ schnell an die Grenzen ihrer Belastbarkeit gelangt, weil es anfangs ausschließlich um die Bedürfnisse des Kindes, nicht aber um die der Eltern ging. Dieser Ansatz musste zum Scheitern verurteilt sein. Denn wie oben beschrieben (siehe Kapitel 29), kann niemand immer nur geben. Wir alle brauchen ein Gleichgewicht aus Selbstfürsorge und

Fürsorge für andere und von anderen. Es wäre jedoch ein Fehler, zu glauben, die Kinder müssten die Tassen der Eltern füllen. Das können sie per definitionem nicht, weil sie die Kinder sind. Es ist unser Job als Eltern, darauf zu achten, sie nicht für die Erfüllung unserer Bedürfnisse verantwortlich zu machen, sondern Wege zu finden, gut für uns selbst zu sorgen.

Jetzt mag es sein, dass du das alles berücksichtigst und sich die Begleitung deiner Kids dennoch irgendwie seltsam anfühlt oder du den Eindruck hast, dass deine Kinder nie genug bekommen. Vielleicht hast du das Gefühl, wann immer du ihnen den kleinen Finger reichst, wollen sie die ganze Hand. Nehmen wir an, du spielst schon den ganzen Nachmittag mit deinem Kind und willst nur kurz in Ruhe zur Toilette, was dein vierjähriges Kind nur unter Protest zulässt. Oder du liest stundenlang vor und es ist nie genug.

Wenn du diese Szenarien kennst, könnte es sein, dass du in eine Falle getappt bist und deine Art, dein Kind bedürfnisorientiert zu begleiten, auf das Kind wie Fastfood wirkt.

WAS MEINEN WIR DAMIT?

Wann immer du das Bedürfnis deines Kindes aus einem inneren Mangel erfüllst – du also mitspielst, aber eigentlich keine Lust dazu hast, ein weiteres Brot schmierst, obwohl du todmüde bist, die Hausaufgaben begleitest, aber innerlich gestresst bist, weil du eigentlich am Schreibtisch sitzen müsstest – also wann immer du nicht mit Freude bei deinem Kind bist, kannst du tun, was du willst, es wird dein Kind nicht nachhaltig emotional nähren. Zeit, die du halbherzig mit deinem Kind verbringst, hat auf die Kinderseele dieselbe Wirkung wie Fastfood auf unsere Körper.

Das Kind hat vordergründig das Gefühl, genährt zu werden, am Ende bekommt es aber nur leere Kalorien, die die nächste Heißhungerattacke hervorrufen.

Uns ist vollkommen bewusst, wie herausfordernd es ist, immer wieder in ein gutes Gefühl zu kommen, bevor wir uns mit unseren Kindern beschäftigen. Wir behaupten nicht, dass das einfach ist. Wir wollen lediglich erklären und ein Bewusstsein dafür wecken, warum deine Bemühungen, dein Kind bedürfnisorientiert zu begleiten, bisher womöglich nicht dazu geführt haben, dass dein Kind so glücklich und zufrieden ist, wie du denkst, dass es das sein müsste. Mit diesem Wissen im Hinterkopf kannst du deinen Alltag reflektieren und leichter bemerken, wenn du halbherzig bei der Sache bist, während du dich mit deinem Kind beschäftigst. Und allein das Bewusstsein darüber kann dir helfen, deine Einstellung und deine Präsenz zu verändern. Denn am Ende ist es vollkommen nachvollziehbar, dass dein Kind immer fordernder wird, wenn es nie wirklich satt wird.

32. | Was ist liebevolle Klarheit? Eine erste Annäherung

Wer wünscht sich nicht, liebevoll und gleichzeitig klar sein zu können. Einfach zu sagen, was ansteht, was wichtig ist, und die Kids machen mit. Kein Kampf, kein Streit, kein Widerstand und natürlich auch kein Gemecker.

Das war lange Zeit mein Idealbild. Und eine ganze Weile lang hatte ich keinen blassen Schimmer, wie wir dieses Ideal umsetzen können. Inzwischen haben wir es herausgefunden und können es nicht nur selbst leben, sondern wir wissen auch, wie du es in dein Leben integrieren kannst. Und wir können dich auf dem Weg dahin begleiten. Allerdings ist dieser Weg kein singulärer Tipp, keine «Pille», die du einmal nimmst und zack bist du liebevoll und klar. Es sind verschiedene Aspekte, die es zu beachten gilt:

1 Liebevolle Klarheit hat nicht das Ziel, dass dein Kind sich so verhält, wie du das gern hättest. Ziel ist, dass ihr gemeinsam ein Miteinander erschafft, das euch allen gleichermaßen dient und wachsen lässt. Solange du also glaubst, dein Kind durch liebevolle Klarheit auf eine nette Art und Weise dazu bringen zu können, deine Erwartungen zu erfüllen, bist du – das sage ich in aller Klarheit – auf dem Holzweg. Liebevolle Klarheit kann nur funktionieren, wenn die Vorstellungen und Bedürfnisse aller Familienmitglieder dieselbe Wichtigkeit haben und ihr gemeinsam dafür Sorge tragt, einander gutzutun. Dafür treten wir als Eltern in Vorleistung. Denn nur, indem wir liebevolle Klarheit vorleben, können unsere Kids sie erlernen.

2 Liebevolle Klarheit kann nicht übergestülpt werden. Es ist keine Methode, die du praktizierst. Liebevolle Klarheit ist eine innere Haltung, die du während eines Prozesses entwickeln kannst. Alle bisherigen und alle folgenden Kapitel bieten dir die Möglichkeit, die Haltung, die dich am Ende zu liebevoller Klarheit befähigt, zu trainieren. Es bedarf der Bereitschaft, absolut ehrlich zu sich zu sein. Und mutig hinzuschauen. Sich mit sich selbst zu konfrontieren und immer bewusster zu werden.

Liebe, die immer sanft ist, ist keine Liebe. Das ist Überforderung, gibt keinen Halt und führt entweder zu Ohnmacht oder zu Rebellion. Was ist damit gemeint? Lass es mich erläutern!

Wann immer wir unsere Kinder über die Maßen mit unserer Liebe überschütten, wenn wir Angst haben, unser Kind könnte sich ungeliebt fühlen, obgleich wir unbedingt wollen, dass es sich bedingungslos geliebt fühlt, ist es sehr wahrscheinlich, dass wir damit eigene Kindheitserfahrungen bewältigen wollen. Ich wollte das lange Zeit nicht wahrhaben. Aber es ist doch so, dass man sich keine Gedanken darüber machen würde, ob sich ein Kind geliebt fühlt, wenn man nicht selbst einen Mangel an Geliebtwerden verspüren würde. Denn dass ein Kind sich geliebt fühlt, ist das Natürlichste auf der Welt. Wir denken immer nur über Dinge nach, mit denen wir ein Problem haben. Niemand denkt zum Beispiel über seine Gesundheit nach, solange er keine Angst vor Krankheit hat. Wann immer wir also ein Gefühl fehlender Liebe zu kompensieren versuchen, indem wir den Wunsch verspüren, unser Kind über alles lieben zu wollen, ist diese Liebe kein Geben, sondern ein Nehmen. Es ist der Versuch, eine verdeckte Wunde in unserem Inneren zu schließen, aber kein Liebesdienst. Wir begegnen unserem Kind nicht mit offenem Herzen, sondern agieren aus einer Bittsteller-Position heraus. Wir hoffen, dass wir durch unsere Liebe zu unserem Kind die Liebe zurückbekommen, nach der wir uns sehnen. Und wenn du dich in dieser Beschreibung auch nur im Ansatz wiederfindest, bist du keineswegs allein. Während der letzten 20 Jahre und den über 100.000 Menschen, mit denen wir gearbeitet haben, ist mir nicht eine Person begegnet, die sich von klein auf bis heute bedingungslos geliebt gefühlt hat. Ich wage zu behaupten, dass wir alle auf die ein oder andere Weise einen Mangel an Liebe empfinden. Gleichzeitig stellt dieses Mangelempfinden – solange es unbewusst bleibt – ein großes Problem in der Begleitung von Kindern dar. Das ist der Grund, warum ich dir dieses Thema zumute, auch wenn es an sich darum geht, wie du dein Kind #gemeckerfrei® begleiten kannst.

Den meisten Menschen fehlt das tiefe Wissen und die damit verbundene Stabilität, dass sie in jedem Moment großartig und wundervoll sind. Uns allen fehlt der Zugang zu unserer eigenen inneren Stärke. Wir sind nicht in der Tiefe mit uns selbst verbunden. Frühere Generationen haben diesen Mangel an innerer Stärke und Stabilität durch Autorität zu kompensieren versucht. Indem sie proaktiv Macht über die Kinder ausgeübt haben und diese gehorchen mussten, konnten die Eltern sich wirksam und stark fühlen. Dass der autoritäre Erziehungsstil nicht wirklich clever war und den Kindern nicht guttat, haben viele von uns am eigenen Leib erfahren. Deshalb liest du dieses Buch und willst es anders machen. Heutige Eltern wollen ihre Kinder wissen lassen, dass sie geliebt werden.

Wenn diese Liebe jedoch durch einen inneren Mangel genährt wird, werden wir unklar. Wir eiern rum, gehen Konflikten aus dem Weg, sagen Ja, obgleich wir Nein meinen und flippen irgendwann aus, obwohl wir das nie wollten. Diese Liebe, die (fast) immer sanft ist, ist keine Liebe, sondern bedeutet eine Überforderung und führt entweder zu Rebellion oder zu Ohnmacht.

Denn zu lieben bedeutet nicht, immer Ja und Amen zu sagen. Zu lieben bedeutet, in jedem Moment das Wohl des Kindes im Blick zu haben und präsent zu sein. Ganz im Hier und Jetzt zu sein. Denn der wichtigste Mensch in deinem Leben ist immer die Person, mit der du dich gerade beschäftigst. Und die hat deine Präsenz, deine ungeteilte Aufmerksamkeit verdient. Nur dann kannst du dich gut um sie kümmern und nur dann ist es Liebe.

Vielleicht kennst du das vom Umgang mit Tieren. Hunde oder Pferde spüren sofort, ob du voller innerer Klarheit und bereit bist, sie zu führen oder ob du nicht bei der Sache, abgelenkt, ängstlich oder einfach nicht in deiner Kraft bist. Dann ziehst und zerrst du an der Leine und der Hund macht keinen Schritt.

Im nächsten Moment kommt ein innerlich klarer Mensch dazu und allein durch seine Energie bewegt sich der Hund. Bei Kindern ist das genauso. Zumindest solange wir ihnen ihre Intuition nicht abtrainiert haben. Dann sind sie wahre Seismografen. Sie merken sofort, wenn wir nicht mit ganzem Herzen bei der Sache sind. Wenn wir antworten, ohne wirklich zugehört zu haben. Als Kongruenz-Spürnasen erschnüffeln sie just in time, wenn wir Ja sagen und Nein meinen. Und sie bemerken sofort, ob wir leben oder nur funktionieren. Je mehr dich ein Kind herausfordert, umso mehr wünscht es sich Klarheit und liebevolle Führung von dir. Es will gesehen werden, mit all seinen Talenten, und es wünscht sich Menschen, mit und an denen es sich ausprobieren und wachsen kann. Mit denen es gemeinsam in nie geahnte Höhen fliegen kann, ohne jemals seine Wurzeln zu verlieren.

Bevor wir in den nächsten Kapiteln noch tiefer in diese Thematik einsteigen, nimm dir gern Zeit, um für dich zu prüfen, ob du eine Person kennst, die einfach durch ihr Sein oder ihre Energie auf höchst respektvolle Art führen kann. Der Menschen gern und voller Freude folgen. Vielleicht erlebst du dich sogar selbst in bestimmten Situationen so. Oder dir gelingt diese Art der Führung mit dem Hund, aber mit dem Kind ist es schwer. Nimm dir gern eine Tasse deines Lieblingsgetränks und lass deine Erfahrungen Revue passieren. Was hat die Lehrerinnen und Lehrer ausgezeichnet, an die du dich bis heute gern erinnerst? Für welche Chefs hast du gern gearbeitet? Welche Menschen kennst du, die Charisma ausstrahlen und die Energie in einem Raum allein durch ihre Anwesenheit positiv verändern?

33. Wie Kinder lernen, Bedürfnisse auszuhandeln

Das Miteinander von Menschen zeichnet sich dadurch aus, dass es immer ein Wechselspiel aus Führen und Folgen ist. Mal lassen wir uns auf die Idee des anderen ein und folgen ihr. Im nächsten geben wir die Richtung vor.

Stell dir beispielsweise vier Bekannte vor, die zusammen essen gehen wollen. Drei haben keine Meinung, wo und was sie gern essen würden. Einer wünscht sich, italienisch zu essen. Die anderen stimmen zu. Allerdings wirft einer ein, dass er nicht zu Bella Napoli gehen will, weil es ihm da nicht schmeckt. Die anderen sind einverstanden. Gemeinsam entscheiden sie sich für die Pizzeria Adria. Weil der Weg dorthin etwas weiter ist, wird besprochen, ob es besser wäre, zu laufen oder ein Taxi zu nehmen. Da eine Bekannte anmerkt, auf ihren hohen Schuhen nicht gut laufen zu können, wird ein Taxi gerufen. Ein Bekannter, der gern gelaufen wäre, passt sich an und gibt nach. Die Gruppe verlebt einen großartigen Abend zusammen.

WAS SPIELT SICH HIER AB?

Alle vier lassen sich auf das Miteinander und die Beziehungen ein. Sie sprechen sich gegenseitig Kompetenz zu und stellen das Gelingen des gemeinsamen Abends an die erste Stelle. Sie übernehmen die Führung in Momenten, in denen ihnen etwas wichtig ist, oder wenn sie merken, dass niemand anders führen will. Gleichzeitig folgen sie und lassen sich führen, wenn es um Aspekte geht, die jemand anderem wichtiger sind als ihnen. Ohne es zu wissen oder besprochen zu haben, handeln sie nach dem Prinzip, dass die Beziehung das Wichtigste ist.

Gute Beziehungen leben genau von diesem Wechselspiel. Dann wird aus miteinander verbrachter Zeit ein Tanz. Niemand will immer führen oder ständig folgen. Deshalb entstehen Beziehungsprobleme auch immer dann, wenn es zu einem Ungleichgewicht kommt, wer wie viel folgt und führt, oder die Beteiligten sich nicht einigen können, wer in welchen Situationen führt und folgt. Hätte im obigen Beispiel der eine Bekannte darauf bestanden, zu Fuß zu gehen, obwohl eine andere Bekannte deutlich gemacht hatte, dass dies für sie nicht funktioniert, wäre es schwierig geworden. Vielleicht hätte ein anderer vorgeschlagen, dass man sich auch aufteilen kann – und hätte so den Abend gerettet.

In der Beziehungsgestaltung geht es folglich immer darum, einen Weg zu finden, alle Bedürfnisse aufeinander abzustimmen, wie unterschiedlich sie auch sein mögen. Dabei gilt, besonders das schwächste Glied in der Gruppe – also die Person mit dem größten Bedürfnis – im Blick zu haben.

Da kleine Kinder noch kein Bewusstsein von Zeit haben, sind ihre Bedürfnisse per se superdringend. Ein Säugling empfindet

Hunger als so existenziell, dass es keine Berechtigung hat, ihn auch nur wenige Minuten warten zu lassen. Generell gilt für Kinder, dass für sie eine Stunde, ein Tag oder eine Woche im Vergleich zu uns Erwachsenen einen um ein Vielfaches längeren Zeitraum darstellt. Lass mich das an einem Rechenbeispiel verdeutlichen: Angenommen du bist 40 Jahre alt, dann hast du bereits 40 mal 52 Wochen gelebt, also 2.080 Wochen oder etwa 14.600 Tage. Wenn du auf etwas einen Tag oder eine Woche warten musst, ist das etwas anderes, als wenn ein vierjähriges Kind, das erst 208 Wochen oder 1.460 Tage auf der Welt ist, einen Tag oder eine Woche auf etwas warten muss. Denn für das Kind fühlt sich ein Tag so an wie für dich zehn Tage. Außerdem haben wir Erwachsenen natürlich schon zigmal erlebt, dass etwas erst in der Zukunft stattfindet, und verfügen über die kognitiven Fähigkeiten, das zu überblicken.

Daraus ergibt sich ganz natürlich, dass wir unseren kleinen Kindern am Anfang ihres Lebens folgen dürfen, denn sie müssen überhaupt erst einmal ihre eigenen Bedürfnisse erkennen, um später auch die Bedürfnisse der anderen bemerken zu können. Erst dann können sie lernen, Bedürfnisse auszuhandeln: ihre eigenen wenn nötig an die erste Stelle zu setzen oder auch zurückzustellen. Deshalb führen zu Beginn des Lebens die Kinder. Im Lauf der Zeit lernen sie, sich von uns führen zu lassen, bis sich ab der Pubertät ein ausgeglichenes Verhältnis zwischen Folgen und Führen entwickelt. Lässt du dich als Mama oder Papa auf diese Herangehensweise ein, werden deine Kinder seelisch gesund heranwachsen, weil sie die Erfahrung machen, dass uns ihr Wohlergehen wichtig ist. Das ist die Grundlage für die Entwicklung von Mitgefühl und der Fähigkeit, sich an Absprachen halten zu können. Als Erwachsene gelingt es ihnen spielerisch,

Bedürfnisse auszutarieren, zu führen oder zu folgen und das eigene Wohlergehen genauso im Blick zu haben wie das der Menschen, mit denen sie interagieren.

Wenn wir es gerade in der frühen und mittleren Kindheit versäumen, unseren Kindern zu folgen, und stattdessen von ihnen erwarten, dass sie sich von uns führen lassen, machen Kinder die Erfahrung, dass es nicht zählt, was sie brauchen, und dass sie für die Erfüllung ihrer Bedürfnisse kämpfen müssen. Sie erleben die Welt nicht als einen sicheren Ort, der es gut mit ihnen meint. Dadurch reduziert sich ihr Urvertrauen und sie beginnen, der Welt und den Menschen im Allgemeinen zu misstrauen. Wenn sie älter werden, finden sie sich damit ab, dass sie in dieser Welt nur überleben, wenn sie sich anpassen und einordnen. Oder sie werden zu dem, was wir landläufig als Egoisten bezeichnen: Kinder, die nur ihr eigenes Wohl im Blick haben und nicht in der Lage sind, auf andere Rücksicht zu nehmen. Ich denke dabei zum Beispiel an die Teenager, die im Bus nicht für ältere Menschen aufstehen, um ihnen einen Sitzplatz anzubieten.

Übrigens sind alle Pubertätsgefechte nur Langzeitfolgen eines nicht kindorientierten Verhältnisses zwischen Führen und Folgen. Denn wann immer sich ein Kind in frühen Jahren übermäßig anpassen musste, fängt es in der Pubertät an, seine Selbstbestimmtheit, die Macht über seinen Körper und sein eigenes Leben zurückzufordern. Es zeigt mit seiner ganzen Power auf, dass es nicht mehr bereit ist, sich seinen Eltern oder anderen Autoritätspersonen zu unterwerfen.

Wann immer es dir gelingt, den hier vorgestellten Führungsansatz von Anfang an zu leben, wird auch die Pubertät deiner Kids eine zauberhaft schöne Zeit sein, die euch als Eltern immer und immer wieder staunen lässt, was für ein beeindruckender Mensch euer Kind ist.

Für den Fall, dass du feststellen solltest, dass du bisher zu viel geführt und zu viel Anpassung von deinen Kindern erwartet hast, erinnere dich daran, dass Kinder nicht nachtragend sind. Du kannst schon heute anfangen, dies zu verändern, indem du die drei #gemeckerfrei®-Zauberfragen nutzt und zum Leitstern eures gemeinsamen Lebens machst.

34. Butter bei die Fische: Brauchen Kinder Regeln und Grenzen?

Kinder brauchen uns als Unterstützer, als Begleiter, als Raumöffner. Sie benötigen eine schützende Hand, die über ihnen schwebt und dafür sorgt, dass sie sich in einem sicheren Rahmen ausprobieren können. Was Kinder nicht brauchen, sind festgeschriebene Grenzen, also Regeln. Denn alles, was wir standardisieren, wird statisch, und alles, was statisch ist, ist gegen das Leben gerichtet. Denn das Leben ist immer in Bewegung. Es ist ein stetiges Fließen. Denke beispielsweise an einen Bach, den ein paar Kinder mittels eines Staudamms aufstauen wollen. Eine Zeitlang mag das funktionieren, aber irgendwann sucht sich das Wasser einen neuen Weg. Weil Stillstand im Fluss des Lebens unmöglich ist. Aus demselben Grund kann es keine Grenzen geben, die für immer Gültigkeit haben. Genau genommen wissen wir das alle, zumindest habe ich noch kein Elternteil getroffen, das alle vereinbarten Grenzen ohne Wenn und Aber einhalten konnte. Spätestens wenn das Kind krank ist, gibt es eben doch mehr Fernsehen. Oder wenn wir unbedingt zum Sommerfest wollen, das Kind sein Zimmer aber noch nicht fertig aufgeräumt hat (weil es vielleicht gar nicht zu dem Fest will), drücken wir doch mal beide Augen zu, damit wir endlich loskommen. Überprüfe gern einmal, ob du dich selbst wirklich immer an die von dir aufgestellten Regeln hältst. Ich jedenfalls kenne das nur zu gut von mir. Obwohl ich selbst die Regel aufgestellt hatte, dass es vor dem Essen nichts Süßes gibt, ertappte ich mich manchmal dabei, mir eben doch ein Stück Schokolade in den Mund geschoben zu haben, wenn meine Energie beim Kochen auf den Nullpunkt gesackt war. Und hast nicht auch du abends schon mal länger gelesen oder eine Serie geschaut, als es dir eigentlich guttat? Und warst am nächsten Tag müde, weil du dich selbst nicht an deine eigene Regel, «rechtzeitig schlafen zu gehen», gehalten hast? Meistens sind wir dann nicht nur müde, sondern verurteilen uns auch noch für unser undiszipliniertes Verhalten. Das macht es auf jeden Fall nicht besser. Würden wir uns stattdessen erlauben, noch ein bisschen zu lesen oder einen Film zu schauen, statt zu schlafen, und wissentlich in Kauf nehmen, dass wir am nächsten Tag nicht so frisch sind, sind wir zwar trotzdem müde, aber wir können den Spaß, den wir hatten, noch einmal nachempfinden und entscheiden, ob es das wert war. Anschließend können wir daraus Schlüsse fürs nächste Mal ziehen. Genau so funktioniert Lernen.

Prüfe für dich: Wo und wann erwartest du von deinen Kindern, dass sie sich an Regeln halten, und wie häufig dehnst du selbst Regeln aus oder überschreitest Grenzen?

Wenn du lernen möchtest, deine Kinder liebevoll und klar zu führen, ist ein wesentliches Kriterium, wie präsent du bist. Und wann immer wir im Hier und Jetzt leben, entsteht ganz von allein das Bedürfnis, spontan und intuitiv zu handeln, statt sich an starre Vorgaben zu halten. Ich erinnere mich noch gut an die Sommerabende, an denen wir mit den Kindern am Bach waren und längst wussten, dass es allerhöchste Zeit fürs Abendessen und Schlafengehen war. Aber es war doch gerade so schön! Wir haben die Zeit miteinander so sehr genossen und alle hatten große Freude. Präsent zu sein bedeutet, den Moment zu genießen. Dadurch, dass wir alle Erwartungen an einen geregelten Abendablauf loslassen konnten, war es möglich, gemeinsame glückliche Erinnerungen zu schaffen. Und das Schlafengehen hat dann trotzdem ohne großes Trara geklappt. Es erfordert einfach eine große Flexibilität von uns Eltern, uns auf das Leben einzulassen. Genau genommen können wir das jedoch vom ersten Tag an von und mit unseren Kindern lernen: Denn wie oft wollten wir mit den Kindern los und als das große Kind endlich angezogen war, hatte das kleine Kind schon wieder die Windel voll und alles änderte sich. Mit Kindern zu leben bedeutet, sich in Hingabe zu üben, um dann irgendwann das eigene Herz so weit öffnen zu können, dass wir in der Hingabe Erfüllung finden. Regeln und Grenzen verhindern diesen Prozess und bewirken, dass wir im Rationalen stecken bleiben. Dann ist kein echter Kontakt zu unseren Kindern möglich und dann müssen sie dagegen aufbegehren, weil sie uns nicht als kongruent, authentisch und echt erleben können.

Statt also mit statischen Grenzen und Regeln zu arbeiten, fang an, intuitiv zu erspüren, was gerade dran ist. Was den Kindern gerade guttut, was du gerade leisten kannst und wie ihr die gemeinsame Zeit am besten genießen könnt. Okay, vielleicht mag es dann Tage geben, an denen die Kinder tatsächlich zu viele Filme schauen. Und andere, an denen gar niemand auf die Idee kommt, den Fernseher oder das Tablet anzuschalten. Das ist nämlich eine fiese Begleiterscheinung von Regeln: Sobald du zum

Beispiel festlegst, dass der Fernseher erst nach dem Abendessen eingeschaltet wird, werden die meisten Kinder jeden Abend ihre Medienzeit einfordern. Wird das hingegen flexibel gehandhabt, lernen die Kinder, sich selbst zu führen. Sie fühlen, wenn ihnen das Fernsehen nicht guttut, und bleiben bei ihrer Tätigkeit, weil sie keinen Mangel an Medienzeit empfinden. Alle Kinder, deren Eltern diesen Prozess gestaltet und ausgehalten haben, nutzen am Ende weniger Medien und sind selbst in der Lage, zu bemerken, welche Filme oder Spiele ihnen nicht guttun.

Für alle Gefahrensituationen kannst du mit der ersten Zauberfrage «Was könnte schlimmstenfalls passieren?» arbeiten und je nach Alter deines Kindes einen Rahmen stecken, in dem es sich sicher bewegen kann. Aber gerade weil Kinder sich so unfassbar schnell weiterentwickeln, sind starre Regeln und Grenzen vollkommen überflüssig, denn unsere Kinder sind ihnen schneller entwachsen, als wir schauen können. Gestern war es vielleicht noch passend, dass das Kind nur bis zur Ecke radeln durfte. Heute ist es schon so viel sicherer, dass es problemlos bis zum Spielplatz fahren kann. Hältst du jedoch an der Regel «nur bis zur Ecke» fest, bringt dies das Kind in die Bredouille, zwischen seinem persönlichen Bedürfnis nach innerem Wachstum und Weiterentwicklung und seinem Wunsch nach Verbundenheit mit dir entscheiden zu müssen. Es ist dann schlussendlich hin- und hergerissen, ob es sich dir zuliebe an die Regel hält oder für sich und sein eigenes Wohlergehen darüber hinweggeht. All diese Prozesse laufen in der Regel natürlich unterbewusst ab, das heißt, das Kind bemerkt sie nicht aktiv, muss aber mit der inneren Angespanntheit, die daraus entsteht, umgehen. Daraus resultieren immer wieder Wutanfälle oder plötzliche Gewaltausbrüche dem Bruder oder der Schwester gegenüber. Denn irgendein Ventil braucht das Kind, um seine eigene Mitte wiederzufinden.

Regeln haben zudem häufig etwas damit zu tun, sich Autorität zu verleihen. Das ist besonders dann der Fall, wenn es sich um Regeln handelt, die wir aus dem Eltern-Ich heraus mit «man» (siehe Kapitel 8) begründen. Wann immer wir als Eltern nach strengeren Regeln rufen – und ich erinnere mich, dass Bernd und ich das in regelmäßigen Abständen gemacht haben –, ist das ein Anzeichen für fehlende innere Klarheit. Uns ist das immer dann passiert, wenn wir das Vertrauen in uns und unseren Weg verloren hatten. Wenn unsere Kinder Verhaltensweisen gezeigt haben, die nicht gesellschaftskonform waren, und wir verunsichert waren, ob unser Weg wirklich zielführend ist. Genau genommen wollten wir immer dann Regeln, wenn wir an uns und unserer Vorgehensweise gezweifelt und dadurch unsere innere Stabilität verloren hatten.

Ich hoffe, ich konnte deutlich machen, warum viele Kinder gegen Regeln kämpfen: Unsere Kinder wollen uns authentisch, echt, kongruent und präsent im Moment erleben. Weil sie sich dann mit uns verbinden und sich selbst lebendig fühlen können. Allerdings bemerken sie sofort, wenn wir unsere innere Stabilität verlieren und dies mit Regeln zu überspielen versuchen. Dagegen begehren sie zu Recht auf.

Aus unserer Sicht brauchen Kinder also weder Regeln noch Grenzen. Sie brauchen Eltern als wahrhaftiges Gegenüber und Unterstützer, um jeden Tag bestmöglich zu gestalten. Sie müssen fühlen können, dass es keine allgemeingültigen Gesetze, wohl aber individuelle Lösungen für jedes Bedürfnis gibt. Und dann kann es sehr wohl sein, dass du entscheidest, dass dein Kind bei seinem Freund übernachten kann, auch wenn am nächsten Tag Schule ist. Und dass du an einem Samstag merkst, dass es beiden Kindern nicht guttun würde, bis spät abends zu spielen, und du deshalb die Bitte nach einem gemeinsamen Übernachten verneinst. Sobald du eine liebevolle Klarheit erreicht hast, wirst du zudem erleben, dass deine Kinder dich an Tagen, an denen du es nicht erlauben würdest, gar nicht mehr fragen. Weil du die Entscheidung bereits ausstrahlst und weil Kinder, die erleben, dass du keine Entscheidung gegen sie, sondern immer mit Blick auf ihr Wohlergehen triffst, bereit sind, sich von dir ohne Worte führen zu lassen.

35. | Das Leben mit Kindern kostet Zeit

Diesen Gedanken nehme ich jetzt vorweg, denn wahrscheinlich ist es genau das, was du dir beim Lesen des letzten Kapitels gedacht hast: Wie sollen wir das denn in unserem Alltag umsetzen? Denn natürlich helfen standardisierte Regeln uns dabei, unseren Alltag zu strukturieren und dadurch zu vereinfachen. Allerdings übersehen viele Eltern, wie viel Zeit sie im Anschluss damit verbringen, mit ihren Kindern zu diskutieren, zu meckern oder zu streiten. Und wie viel Zeit es vor allen Dingen kostet, die Tränen wieder zu trocknen und die Unstimmigkeit wieder aus der Welt zu schaffen. Im Laufe der Jahre haben wir festgestellt, dass das Leben mit Kindern immer gleich viel Zeit kostet. Wir als Eltern haben es allerdings in der Hand, ob wir die Zeit lieber in eine konstruktive Beziehungsgestaltung investieren oder ob wir noch länger glauben, dass es diesmal bestimmt ohne Theater funktioniert, um dann doch wieder dieselbe Zeit aufzubringen, um die Scherben zu beseitigen. It's up to you.

ES GIBT AUCH HIER KEIN RICHTIG ODER FALSCH

Bernd und ich haben irgendwann entschieden, dass uns unsere Lebenszeit so kostbar ist, dass wir sie lieber als Qualitätszeit verbringen. Da wir unser Leben um unsere Kinder herum organisieren, können wir all die Herausforderungen, vor die sie uns gestellt haben und stellen, als Wege und Möglichkeiten zu persönlichem Wachstum betrachten. Wir mögen, wer wir durch unsere Kinder werden konnten. Wir lieben es, unsere Herzen immer noch weiter zu öffnen und mehr und mehr in der Hingabe Erfüllung zu finden. Wir schätzen es sehr, wie unsere Kinder unsere Welt durch ihre Perspektiven, Talente und Vorgehensweisen weiter machen, und genießen jeden einzelnen Tag, den wir mit ihnen verbringen dürfen.

Was, wenn deine Kinder die wahren Helden deines Lebens sind, die dich und euch dazu einladen wollen, ein Leben zu führen, das euch wirklich zu hundert Prozent entspricht? Und was, wenn du genau hier bei #gemeckerfrei® gelandet bist, weil du tief in dir schon lange spürst, dass auch du dein Leben um deine Kinder herum gestalten möchtest?

Hier eine kleine Anregung: Ich habe früher einmal den Wecker gestellt, um zu schauen, wie lange es dauert, einem Kind nach dem vereinbarten einen Buch noch ein zweites Buch vorzulesen, bis es müde und glücklich eingeschlafen ist. An einem anderen Tag habe ich das zweite Buch verweigert und das anschließende Gezeter und Geschrei ertragen. Am Ende hat es dieselbe Zeit gekostet, mit dem Unterschied, dass ich an dem einen Tag ein gut gelauntes Kind in den Schlaf begleitet habe und an dem anderen ein trauriges Häufchen Elend. Das ist es doch nicht wert, oder?

Abgesehen davon, dass mein Abend dann ja auch gelaufen war, weil mein Herz schwer und mein schlechtes Gewissen groß war. Diese Erfahrung haben wir immer wieder gemacht. Probier es gern selbst aus.

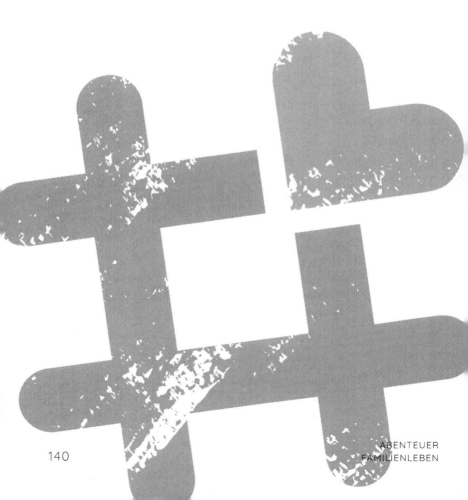

ABENTEUER
FAMILIENLEBEN

36. | Warum Erklärungen NICHT der Schlüssel sind

Vielleicht hast du das auch schon erlebt: An dem einen Tag bittest du dein Kind, schnell seine Wäsche zu holen, und zack macht es das. Und an einem anderen Tag sagst du gefühlt dasselbe und nichts passiert. Obwohl du an jenem Tag sogar die besseren Argumente hast, weil das Kind die Wäsche für den morgigen Ausflug dringend benötigt. Dennoch können wir uns den Mund fusselig reden und nichts passiert.

Jeder von uns kennt diese Beispiele und die daraus entstehenden Fragezeichen: Warum funktioniert etwas an einem Tag hervorragend und am anderen laufen wir damit komplett ins Leere? Obwohl wir gefühlt nichts verändert haben?

Reflektiere einmal für dich: Wie oft bist du schon ratlos gewesen und hast versucht, die Situation doch noch irgendwie zu retten? Überlege weiter: Was genau machst du in solchen Situationen? Was ist dein Mechanismus, der sofort anspringt, wenn dein Kind nicht deinen Anweisungen folgt?

Prüfe nach, ob es dir so geht wie den meisten Menschen: Fängst du an, deinen Kindern zu erklären, warum sie kooperieren sollten? Oder lässt du sie wissen, wie enttäuscht, verärgert oder traurig du bist, wenn sie sich weiterhin weigern? Und hat diese Strategie jemals funktioniert und dazu geführt, dass das Kind auf einmal deinen Anweisungen folgt? Oder reagiert das Kind mit Geschrei, verweigert oder widersetzt sich und die Stimmung kippt?

Das wäre vollkommen normal, denn Begründungen, Erklärungen und Argumente, warum unsere Vorstellung absolut angemessen ist, helfen dem Kind nicht, sondern treiben es verbal in die Ecke.

Irgendwann kann es nicht mehr anders, als auszuflippen oder sich deinem Wunsch zu unterwerfen und – mit einem inneren Stinkefinger – das zu tun, was du verlangst. Beides sind aus unserer Sicht keine günstigen Strategien.

Wir Erwachsenen glauben immer, wenn wir etwas nur gut erklären, begründen und analysieren können, muss der andere doch irgendwann einsehen, dass wir recht haben, und uns zustimmen. Nur sieht die Realität eben anders aus. Kinder durch Erklärungen und Begründungen anzutreiben, ist ebenso sinnfrei wie zu versuchen, einen Ketchup-Fleck mit Öl zu entfernen. Kinder für unsere eigenen Emotionen verantwortlich zu machen, ist genauso unsinnig, wie das Wetter anzumeckern.

Unsere Kinder wollen sich über das Herz mit uns verbinden, weil sie sich durch den Herzkontakt lebendig fühlen. Wann immer wir innerlich abwesend sind, mit den Gedanken woanders oder nicht bei der Sache, wann immer uns der Alltag auffrisst oder wir nicht ehrlich zu uns selbst sind, erleben unsere Kinder uns als nicht kongruent. Als nicht authentisch. Sie fühlen, dass wir nicht präsent, also nicht mit dem Herzen dabei sind. In solchen Situationen können sie sich nicht so mit uns verbinden, wie sie das bräuchten. Dagegen begehren sie auf: Sie werden bockig, geben Widerworte, werden wütend, schreien rum oder weinen. Und wir reagieren mit logischen Argumenten, statt zu erkennen, dass das Kind nur nach einem Weg sucht, mit uns in Kontakt zu kommen. Während das Kind sich nach unserer Präsenz sehnt und nach dem Gefühl, wahrgenommen und geschätzt zu werden, wollen wir es mit logischen Argumenten davon überzeugen, unseren Erwartungen zu folgen. In der Folge entstehen Streitereien und Machtkämpfe – kein Wunder.

Um herauszufinden, warum etwas manchmal funktioniert und andere Male nicht, müssen wir hinter die Worte schauen. Denn es ist nicht entscheidend, was du sagst, wichtig ist, aus welcher Energie heraus du es sagst. Es sind nämlich nie die Worte allein, die auf andere wirken, viel bedeutsamer ist, welche Schwingung sie transportieren. Deshalb helfen auch Argumente nicht. Wann immer du jedoch präsent bist und klar und mit offenem Herzen voller Liebe kommunizierst, kann dein Kind dich fühlen und fühlt sich selbst gesehen. Sobald du dann um etwas bittest, hat es in vielen Fällen keinen Grund, diese Bitte abzuschlagen. Unter Umständen will es zunächst noch etwas fertigstellen, aber im Anschluss kooperiert es gern mit dir.

Wann immer wir jedoch unklar sind, nicht bei der Sache oder unser Herz verschlossen ist, kann das Kind nicht so gut mit uns in Verbindung gehen. Wenn du zum Beispiel zwar freundlich sprichst, aber innerlich schon brodelst, oder wenn du nicht bei der Sache bist, weil du zwar mit deinem Kind redest, aber parallel von etwas anderem abgelenkt bist, dann fehlt schlicht die

Wertschätzung. Ohne Wertschätzung ist keine Verbindung möglich. Kinder reagieren darauf. Sie gehen in Opposition und fordern uns heraus, echt zu sein. Dazu verweigern sie sich, kommen unserer Bitte nicht nach, sind unseren Argumenten gegenüber verschlossen und je mehr wir begründen, bitten, appellieren, desto schlimmer wird es. Denn wir reden vollkommen aneinander vorbei. Dein Kind fordert dich heraus, respektvoll und wertschätzend mit ihm umzugehen, indem du innerlich klar, präsent und mit offenem Herzen bei der Sache bist. Und du forderst von deinem Kind, dass es dich wertschätzt und respektiert, indem es tut, was du sagst. Da sind Missverständnisse vorprogrammiert.

Präge dir deshalb folgenden Merksatz ein: Ich verzichte ab heute auf Erklärungen, Argumente und Begründungen, weil sie beziehungsschädlich sind. Stattdessen übe ich mich in Präsenz. Ich weiß, dass mein Kind sich von mir gesehen fühlt, wenn ich mit ganzem Herzen bei der Sache bin. Ich nehme unsere Streitmomente als Einladung, präsenter und weniger gestresst zu sein.

WIE DU DAS PRAKTISCH UMSETZT?

Wann immer du im Alltag bemerkst, dass du versuchst, dein Kind durch Argumente und Erklärungen zur Kooperation zu bringen, stoppe dich innerlich. Nutze die Schwebebalkentechnik (siehe Kapitel 19) und gehe einen Schritt zurück, balanciere dich aus und finde heraus, um was es dir gerade wirklich geht. Nutze deinen Atem, um ganz bewusst und innerlich präsent zu werden, verändere deine Haltung und bringe dein Anliegen von Neuem vor.

Entscheide dich für die Beziehung und gegen Machtkämpfe und Missverständnisse.

37. | Entwickle die Identität einer liebevollen und klaren Mama bzw. eines liebevollen und klaren Papas

Ich weiß, viele unserer Leserinnen und Leser wünschen sich von uns so etwas wie ein #gemeckerfrei®-Wörterbuch. Ein Nachschlagewerk, in dem sie all die Sätze finden, mit denen der Alltag wie geschmiert läuft. Und natürlich spüre ich den Impuls in mir, all jenen diesen Wunsch gern zu erfüllen. Ein solches Nachschlagewerk wäre jedoch eine Lüge. Denn diese Sätze gibt es nicht und kann es nicht geben. Sie wären nur eine Hülle ohne Inhalt und ohne Herz. Jemand kann alle Vokabeln einer Sprache sprechen können und dennoch nicht in der Lage sein, eine Unterhaltung in dieser Sprache zu führen, wenn er kein kommunikativer Mensch ist. Wenn jemand nie gelernt hat, auf andere zuzugehen und spannend zu erzählen, nützt ihm sein Wortschatz wenig.

Und genauso verhält es sich mit all den unzähligen Kommunikationstechniken, die zum Ziel haben, unser Miteinander schöner und einfacher zu gestalten. Vielleicht hast du schon einige ausprobiert. All diese Kommunikationstechniken sind immer nur Werkzeuge, die, genau wie Sprache an sich, nur dienlich und wirksam sein können, wenn die Haltung dahinter stimmt.

Angenommen ein Teenager ist ein begnadeter Skifahrer und kann das richtig, richtig gut. Dieser Jugendliche wird immer gut Ski fahren, unabhängig davon, welche Skier er hat, ob der Schnee perfekt ist oder nicht. Ja, das Material und die Bedingungen werden die letzten paar Prozent seines Könnens verbessern oder verschlechtern, aber grundsätzlich ist und bleibt er ein guter Skifahrer. Da kann kein Wetter und kein Material etwas daran ändern. Genauso wird jemand wie ich, der einfach nur mäßig Ski fahren kann, auch mit dem besten Material keine Koryphäe werden. Nichts wird darüber hinwegtäuschen können, dass ich nur eine mittelmäßige Skifahrerin bin.

So ist das auch mit Kommunikationswerkzeugen. Wenn du aus dem Herzen sprechen kannst, können Kommunikationstechniken das Sahnehäubchen sein. Aber genau genommen wird dein Kind dich und deine Absicht ebenso verstehen, wenn du redest, wie dir der Schnabel gewachsen ist. Vorausgesetzt, du bist präsent und fühlbar, dein Herz ist offen und in dir ist eine liebevolle Klarheit.

Diese liebevolle Klarheit kannst du nicht entwickeln, indem wir dir Sätze an die Hand geben, die du zu deinem Kind sagen kannst. Denn es geht nie darum, was du sagst, es geht immer um die Energie dahinter. Die Schwingung hinter deinen Worten enthält die Magie.

Diese Magie entsteht, wenn du die Haltung einer liebevollen und klaren Person entwickelst. Du wirst dadurch für deine Kinder zu der Mama oder dem Papa, die du dir als Kind selbst so sehr gewünscht hättest. Um diese Haltung in dir wachsen zu lassen, musst du zu einer liebevollen und klaren Person werden. Du musst leben, was du sagst, und liebevolle Klarheit verkörpern. Dann wird es leicht sein, deine Kinder ohne Worte zu führen.

Was genau ist liebevolle Klarheit? Welche Eigenschaften gilt es zu verinnerlichen und wie musst du auf das Leben schauen, um liebevolle Klarheit zu verkörpern?

Als liebevolles und klares Elternteil hast du folgende Fähigkeiten verinnerlicht:

1. Du kannst dein Kind ruhig und besonnen führen. Du lässt dich einfach nicht mehr aus der Ruhe bringen, denn deine roten Knöpfe haben sich schon lange aufgelöst. Sollte sich doch noch einmal einer melden, kannst du dich selbst führen und deine Mitte wieder finden.

2. Du bist klar und fühlbar, das bedeutet, du bist kongruent in deinen Aussagen und Handlungen. Dein Kind weiß genau, woran es bei dir ist. Du verzichtest auf Sarkasmus und Ironie, weil dein Kind das nicht verstehen kann. Stattdessen wirst du dir selbst immer bewusster. Du nimmst wahr, was du wann fühlst, welche Gedanken vorbeiziehen und du erlaubst deinem Kind, sich mit dir zu verbinden.

3 Du nimmst nichts persönlich und weißt, dass du dennoch nicht mit allem einverstanden sein musst. Du erkennst die beste Option deines Kindes und findest immer Wege, euer aller Bedürfnisse auszuhandeln.

4 Du machst dein Kind nicht für deine Gefühle verantwortlich. Du hast durch und durch verstanden, dass niemand anders als du selbst für deine Gefühle verantwortlich ist.

5 Du machst klare Ansagen, die weder die Würde des Kindes noch deine eigene verletzen. Du entscheidest situativ, wann du Ja und wann du Nein sagst, und du bleibst verlässlich.

6 Du lässt dein Kind wissen, wo du unsicher bist und etwas nicht weißt – du bist als Mensch fühlbar und erlebbar. Du drückst dein Bedauern aus, wenn dir etwas nicht wie erhofft gelungen ist, ohne dich deshalb fertigzumachen. Du erlaubst dir, Mensch zu sein, dein Bestes zu geben und damit für den Moment zufrieden zu sein.

7 Du bist situativ passend mal sanft und verwöhnend, mal klar und direkt. Du hast verstanden, dass es kein fertiges Konzept gibt, in das dein Kind und du passen müssen, und dass die Lösung, die im Moment für dein Kind und dich die beste ist, auch objektiv die beste ist – weil es nur für euch stimmig sein muss.

8 Du hast immer das Wohl deiner Kinder im Blick. Du definierst dich nicht über dein Kind. Du fühlst dich weder gut, wenn es etwas kann, noch schlecht, wenn es etwas nicht hinbekommen hat. Du bist einfach von Herzen gern die Mama oder der Papa dieses Kindes und nährst es seelisch, emotional und körperlich.

9 Du machst dein Kind nicht für deine Bedürfnisse verantwortlich. Dein Kind ist weder dafür verantwortlich, dass du dich wertgeschätzt fühlst, noch dafür, dein Bedürfnis nach Ruhe, Ordnung oder was auch immer zu erfüllen. Weil du erwachsen bist, sorgst du selbst für deine Bedürfnisse. Wenn sich die Erfüllung deiner Bedürfnisse und der des Kindes nicht in Einklang bringen lassen, brauchst du Unterstützung, damit freie Zeit für euch Eltern entsteht.

10 Du bist verlässlich in deinen Ansagen, d. h., du wechselst nicht ständig den Standpunkt oder lässt dich vom Genörgel deines Kindes beeinflussen. Du sagst nicht Ja, obwohl du Nein meinst.

11 Du kannst dein Kind liebevoll, klar und ohne Worte führen, weil du präsent und kongruent bist.

Es wäre gelogen, zu behaupten, dass es einfach ist, diese Punkte mit Leben zu füllen. Aber es ist in jedem Fall leichter, als weiter mit deinen Kindern zu kämpfen, zu meckern oder zu streiten. Außerdem wirst du auf dieser Reise so viel unfassbar Großartiges über dich selbst herausfinden. Du hast die Möglichkeit, dir selbst die Liebe zu schenken, nach der du dich seit Jahren sehnst, und kannst deine Kinder als deine ganz persönlichen Helden erkennen. Sie werden dir helfen, die Person zu werden, von der du längst fühlst, dass du sie sein willst. Am Ende gewinnst du so viel mehr als nur eine Liste mit Sätzen. Ich hoffe, du kannst die Wahrheit hinter meinen Worten zumindest im Ansatz fühlen und bist bereit, dein Herz dafür ein Stückchen zu öffnen.

38. Wie du deine Kinder liebevoll und klar führst

Um deine Kinder liebevoll und klar führen zu können, gilt es – wie im letzten Kapitel beschrieben –, die Identität eines liebevollen und klaren Elternteils zu entwickeln. Darüber hinaus gibt es noch ein paar weitere Aspekte. Zunächst überprüfe doch einmal, wie du das Verhältnis zwischen Führen und Folgen in eurer Familie einschätzt. Wichtig ist, dass du ehrlich hinschaust. Nimm wahr, wo das Kind überall die täglichen Abläufe befolgen muss. Erkenne, wo die individuellen Bedürfnisse keinen Raum bekommen, sondern ein bestimmtes Verhalten erwartet wird. Wenn dein Kind beispielsweise zu einer bestimmten Uhrzeit in der Kita oder Schule sein muss, dann muss es folgen. Im Alltag vieler Kinder entsteht allein durch den Termindruck ein für sie ungesundes Ungleichgewicht zwischen Führen und Folgen. Achte gern darauf, dass dein Kind je nach Alter maximal fünfzig Prozent der Zeit folgen muss und in der restlichen Zeit selbst führen kann.

Hier ein paar Ideen, wie du es deinem Kind und dir leichter machen kannst:

1 Sorge dafür, dass ihr immer wieder in Blickkontakt seid. Schaut euch in die Augen. Besonders dann, wenn du eine Ansage machen willst. Aber auch während des Tages. Schicke deinem Kind immer wieder über die Augen Liebe, denn die Augen sind direkt mit dem Herzen verbunden. Allein durch Blickkontakt lassen sich Beziehungen heilen.

2 Reagiere mit Zuhörsignalen: Lächle dein Kind an, nicke, während du es anschaust, zeig ihm, dass du es wahrgenommen hast. Schenke ihm Bestätigung, indem du es mit kleinen Signalen wissen lässt, dass es für dich wichtig ist.

3 Benenne, was das Kind tut. Baue Kontakt auf, indem du einfach wahrnimmst, was es tut, ohne es in irgendeiner Weise zu bewerten. Wahrnehmen ohne zu bewerten ist die größtmögliche Wertschätzung, die wir einander schenken können.

4 Sorge dafür, dass ihr euch abwechselt. Mal führst du, meistens führt dein Kind. Achte darauf, dass das Verhältnis von Führen und Folgen dem Entwicklungsniveau des Kindes angepasst ist. Lass dein Kind fühlen und wissen, wann es selbst Entscheidungen treffen und die Führung übernehmen darf, zum Beispiel im Spiel. Wer entscheidet, was das Schleich-Pferd frisst, ob du im Kaufladen Zitronen oder Orangen kaufst, ob das

Schulkind die Hausaufgaben jetzt oder später macht, deine Musik im Wohnzimmer läuft oder die des Teenies. All diese Themen sind Möglichkeiten, dein Kind führen zu lassen und selbst zu folgen und von Zeit zu Zeit zu wechseln, um genau diesen Wechsel zu trainieren.

Wenn du diese Schritte anwendest und gleichzeitig die Identität einer liebevollen und klaren Bezugsperson entwickelst, wird sich dein Kind vertrauensvoll und gern von dir führen lassen. Es lässt dich wissen, wo es deine Unterstützung und Führung braucht, und kann mit dir im wertschätzenden Austausch feststellen, wo es schon selbst in der Lage ist, sich zu führen.

Am Ende ist die liebevolle Klarheit nur ein Mittel zum Zweck, nämlich eine Methode, die deinem Kind ermöglicht, zu lernen, wie es sich selbst erfolgreich führen kann. Hätten wir Großen auf diese Weise gelernt, uns selbst zu führen, wäre es für uns ein Leichtes, ganz intuitiv die Identität einer/eines liebevollen und klaren Mama/Papas zu entwickeln. Weil sich die meisten von uns nicht selbst liebevoll und klar führen können, sind wir immer auf der Suche nach jemandem, der uns sagt, wie es geht, wie wir vorgehen oder was wir tun sollen. Weil uns der Kontakt zu uns selbst fehlt und wir nicht mehr zwischen echter Intuition, falschem Bauchgefühl und Kopfquirl unterscheiden können, sondern von unseren eigenen Mustern und Programmierungen durch den Alltag getrieben werden. Wenn sich jemand ein Nachschlagewerk oder konkrete Sätze als Hilfe wünscht, ist dies im Grunde ein Zeichen für eine mangelnde Fähigkeit zur Selbstführung. Und genau deshalb empfinden diese Menschen den Alltag mit den Kindern als so anstrengend: Weil die Kinder sie herausfordern, präsent zu sein und sich selbst zu führen. Falls du dich in dieser Beschreibung erkennst, ist die einzige Frage, die du dir stellen kannst: Bin ich bereit, diese Herausforderung als Geschenk anzunehmen? Nutze ich die Themen, die durch mein Kind sichtbar werden, um liebevolle Klarheit zu entwickeln und damit sowohl mein Kind als auch mich selbst gut führen zu können? Und mache ich meinem Kind damit das Geschenk, dass es als Erwachsener selbst in der Lage sein wird, sich selbst zu führen?

ABENTEUER
FAMILIENLEBEN

39. | Schick den Perfektionisten schaukeln

Einer der größten Missetäter unserer Zeit ist der innere Perfektionist. Geboren aus den Leistungsmustern, die wir als Kinder erlernt haben und die uns haben glauben lassen, dass wir geliebt werden, wenn wir viel leisten, uns besonders anstrengen, extra schnell oder die Besten sind. Ständig vergleichen wir uns mit anderen, bewerten uns und versuchen, ein Ziel nach dem anderen zu erreichen. Sobald wir Eltern werden, übertragen besonders Mütter all diese inneren Programmierungen auf ihr Mama-Sein. Das Kind wird – bewusst oder unbewusst – zu einem Spielball des inneren Perfektionisten. Da gilt es, den perfekten Kinderwagen zu finden, die beste Lösung fürs Kinderzimmer, das qualitativ hochwertigste Spielzeug etc. All die Momfluencer auf Instagram potenzieren dieses Spiel ins Unendliche. Wer bitte nimmt sich die Zeit, morgens Dinos aus Toastbroten zu stechen, wenn er in derselben Zeit einmal durchatmen und vielleicht einigermaßen ungestört einen Kaffee oder einen Kurkuma-Latte trinken könnte? Müssen kleine Mädchen aussehen wie aus dem Werbekatalog und Wohnzimmer, als würde niemand dort leben?

Du bist die beste Mama oder der beste Papa für deine Kinder, auch wenn du vergisst, Snacks für den Spielplatz einzupacken, oder dein Kind in einem fleckigen Pulli in die Schule geht, weil das gerade sein Lieblingspulli ist. Du bist genauso die/der beste Mama/Papa für deine Kinder, wenn sie einmal zu viel Medien konsumieren, weil du einfach so unendlich müde bist und keine Kraft für etwas anderes hast. Oder wenn dein Teenager raucht, trinkt, alle möglichen Substanzen ausprobiert und damit überhaupt nicht dem Bild eines gelungenen Jugendlichen entspricht.

Steig aus – besser heute als morgen – aus all dem Anspruchsdenken: selbstgebastelte Geburtstagseinladungen, Mitgebgeschenke, jahreszeitlich passende Deko, die aussieht wie aus dem Bastelbuch. Erstelle gern eine Liste an Dingen, die du glaubst, tun zu müssen, um als Mama/Papa einen guten Job zu machen. Und für die Fortgeschrittenen unter euch: Prüfe auch, wo dein innerer Perfektionist es betont anders macht als alle anderen und sich darüber die Bestätigung im Außen holt. Nach dem Motto: Schaut mal, bei uns dürfen die Kinderbasteleien noch nach Kinderhänden aussehen!

Schreib alles auf, was dir einfällt. Und dann verbrenne diese Liste einfach.

Lasst uns stattdessen anfangen, menschlich zu sein. Stärken und Schwächen zu haben und fein damit zu sein. Lasst uns unseren Kindern Raum geben, sie selbst zu sein, statt unseren Erwartungen oder Vorstellungen entsprechen zu müssen. Wenn wir die Vorstellung zu Hilfe nehmen, dass sich unsere Kinder uns ausgesucht haben, dann sind wir als Eltern für genau diese Kinder einfach perfekt.

Meine Güte, Kinder ins Leben zu begleiten, ist der großartigste und zugleich anstrengendste Job überhaupt – und zwar vollkommen unabhängig davon, ob dein Kind ein Säugling oder ein Teenager ist! Was, wenn es einfach genug ist, dein Bestes zu geben, und wenn es nicht darum geht, dass du auf dem Zahnfleisch durch dein Leben kreuchst?

Mach die Beziehungen, die ihr zueinander habt, zum wichtigsten Element. Frage dich immer wieder: Was braucht es gerade, damit wir alle gut miteinander in Verbindung sein zu können? Wann immer andere sich über dich wundern, weil du es dir auf einmal anscheinend so leicht machst – freu dich darüber, denn wenn andere sich über dich wundern, musst du wohl wundervoll sein.

40. | Erlaube dir, dein Kind zu lieben

Von Anfang an machen wir Eltern uns gegenseitig verrückt, indem wir Ansprüche definieren, die vollkommen irrsinnig sind und mit denen wir uns und unsere Kinder viel zu sehr unter Druck setzen. Statt unsere Kinder einfach wachsen zu lassen, ziehen und zerren wir an ihnen und verlieren schon früh das Vertrauen, dass sie wunderbar in der Lage sind, genau zum richtigen Zeitpunkt die für sie und ihren «Seelenplan» passenden Fähigkeiten zu entwickeln. Statt sie darin zu bestärken, ihre innewohnenden Talente zum Ausdruck zu bringen, ihnen die Zeit zu schenken, die sie brauchen, um sich zu entfalten, und ihnen den Raum zu geben, sich auszuprobieren, pressen wir sie in vorgegebene Entwicklungsschritte, Tabellen und Lehrpläne. Dabei verlieren wir die Fähigkeit, unser Kind um seiner selbst willen zu lieben.

Und was, wenn dein Kind einfach perfekt ist, so wie es ist? Vollkommen losgelöst von seinen Fähigkeiten und Fertigkeiten? Was, wenn du es einfach lieben darfst, weil du es eben liebst? Dabei geht es mir nicht um das Verherrlichen von Kindern im Sinne von: «Schau her, was der Kleine alles Tolles kann!», und als

Außenstehende denkst du nur: «Äh ja, das Kind popelt halt gerade in der Nase.» Solche Verherrlichungen passieren, wenn wir Eltern anfangen, uns über unsere Kinder zu definieren. Sobald du wirklich glaubst, dass du die beste Mama oder der beste Papa für dein Kind bist, und dir erlaubst, es um seiner selbst willen zu lieben, kannst du mit diesem ganzen Hokuspokus aufhören. Du musst andere nicht mehr wissen lassen, wie toll dein Kind ist. Und dein Kind muss keine Leistung mehr erbringen, damit du es liebenswert findest. Du schenkst ihm deine Liebe. Einfach so und ohne eine Gegenleistung dafür zu erwarten. Denn ja, du kannst und darfst dein Kind lieben, auch wenn es dich gerade jeden Tag zur Weißglut bringt, wenn es mit ungekämmten Haaren rumläuft, im Restaurant laut schmatzt oder eben in der Nase popelt. Wenn es als Teenager stumm wie ein Fisch am Tisch sitzt, kein Interesse an anderen Menschen hat oder vielleicht sogar alle wissen lässt, dass es jetzt überall anders lieber wäre als mit dir im Urlaub. Es gibt einfach keinen einzigen Grund, warum dir dein Kind peinlich sein müsste. Sobald du alle Erwartungen an dein Kind loslässt und es nicht mehr als dein Lebenswerk betrachtest, sondern einfach als einen Gast, der einen Teil seines Lebens bei dir verbringt und den du einfach lieb haben darfst, wird es leichter und leichter, dein Kind so zu akzeptieren, wie es ist. Und du wirst feststellen: Je mehr du dir erlaubst, es um seiner selbst willen zu lieben, desto weniger seltsame Verhaltensweisen wird es zeigen. Denn es spürt, dass es nicht mehr um deine Liebe kämpfen muss. Wenn es keine Erwartungen mehr gibt, die es erfüllen muss, um geliebt zu werden, kann es sich frei entfalten. Du wirst staunen, was es dann alles aus sich herauszaubert.

Sobald du dein Kind um seiner selbst willen lieben kannst, geht auch das Loslassen viel leichter. Denn genau genommen beginnt der Loslösungsprozess des Kindes am Tag seiner Geburt. Vom ersten Moment seines Lebens an kämpft ein Kind darum, ein selbstständiges Wesen zu werden. Wir Eltern sind diesbezüglich manchmal einfach zu langsam und halten zu sehr am Status quo fest, obwohl unsere Kinder mit jedem Tag ein Stück größer werden und heute längst alt und überholt ist, was gestern noch galt.

Eine meiner Freundinnen hat mir das einmal sehr drastisch vor Augen geführt, als ich mit ihr abends weggehen wollte und sie mir wegen der Kinder abgesagt hat, mit der Begründung, ihr Mann sei nicht da. Da denkt man erstmal, tja, geht dann halt nicht. Allerdings waren ihre Kinder zu diesem Zeitpunkt siebzehn und neunzehn Jahre alt. Es war also mitnichten notwendig, dass sie zu Hause blieb und darauf wartete, ob ihre Kinder sie brauchten. Ein solches Verhalten ist ein Anzeichen dafür, dass Menschen innerlich in einer alten Identität stecken geblieben sind. Wann immer wir Dinge für unsere Kinder tun wollen, die sie längst allein können und auch gern allein machen, haben wir übersehen, unsere Identität zu verändern. Ein zwölfjähriges Kind kann und will in der Regel allein einschlafen. Gleichzeitig erleben wir immer wieder Eltern, die sich aus Gewohnheit immer noch dazulegen und dann beklagen, dass sie abends keine Paarzeit haben. Kinder, die immer zur Schule gefahren werden, obwohl sie auch laufen oder mit dem Bus fahren könnten, werden von uns kleingehalten. Das ist keine Liebe. Damit machen wir unsere Kinder von uns abhängig. Und überdies erhöhen wir damit die Wahrscheinlichkeit, dass die Pubertät für alle nervenaufreibend wird, weil die Kids dann mit Wums gegen uns Eltern ankämpfen müssen, um sich befreien zu können. Wenn wir stattdessen schon am Tag der Geburt des Kindes beginnen, seinen Wunsch nach Selbstständigkeit wahrzunehmen, seine Signale richtig zu deuten und ihnen zu entsprechen, wird auch die Pubertät einfach eine Zeit großer Freude sein.

Ein befreundetes Ehepaar fragte uns neulich, wann wir denn begonnen hätten, unsere Kinder in Entscheidungen miteinzubeziehen, und unsere Antwort war: ab der Geburt. Denn wer sind wir als Mama oder Papa, dass wir Dinge, die das Kind selbst entscheiden kann, für es wählen?

Die Herausforderung dabei ist, zu erkennen, welche Entscheidungen das Kind selbst zu treffen in der Lage ist und welche nicht. Auch dabei helfen die drei Zauberfragen, vor allem die erste: «Was könnte schlimmstenfalls passieren?» Interessant ist in diesem Zusammenhang, dass wir als Eltern in der Regel immer dazu neigen, die Welt für unsere Kinder zu eng zu machen, und ein zu freizügiges Loslassen an sich nie vorkommt. Natürlich gibt es leider auch Eltern, denen ihre Kinder mehr oder minder egal sind – aber lesen sie dieses Buch? Ich glaube nicht.

Im Folgenden listen wir ein paar Fragen auf, die du nutzen kannst, um die Signale des Kindes besser lesen zu lernen. Fragen, die du mit Ja beantwortest, bedeuten, dass du diese Entscheidungen dem Kind überlässt.

- Darf das Baby trinken, wann immer es Hunger hat?
- Darf es kuscheln, wann immer es Nähe braucht?
- Darf dein Kind schlafen, wenn es müde ist, und wach sein, wenn es wach ist?
- Darf ein Kindergartenkind wählen, ob es in die Kita will oder lieber zu Hause bleibt?
- Darf ein Kleinkind wählen, ob es Gemüse lieber roh, gekocht oder gar nicht isst? Darf es sowohl mit Besteck als auch mit den Fingern essen?
- Darf ein Kind über die Schulhausaufgaben entscheiden?
- Darf es selbst wählen, was es anzieht (vorausgesetzt, die Temperatur lässt es zu)?
- Darf es selbst entscheiden, mit wem es spielen möchte?
- Darf es bestimmen, wie viel Zeit es gern mit sich allein verbringt?
- Darf dein Kind am Wochenende so lange schlafen, wie es will?
- Darf es selbst ausprobieren, wie es mit anderen Menschen spricht?

41. Es gibt keine negativen Emotionen, nur starke und schwache Gefühle

Die meisten von uns haben gelernt, Gefühle in positive und negative Zustände zu unterteilen. Dabei wollen wir immer gern gute Gefühle haben und die schlechten möglichst erst gar nicht aufkommen lassen. Von klein auf haben wir die Erfahrung gemacht, dass negative Emotionen am besten unter Verschluss gehalten werden. Deshalb tun wir uns als Eltern auch so schwer damit, wenn unsere Kinder ihren Frust lautstark durch die Gegend brüllen, lange weinen, wenn sie sich wehgetan haben, oder den ganzen Supermarkt wissen lassen, dass sie überhaupt nicht mit unserer Entscheidung einverstanden sind, keine Gummibärchen zu kaufen.

BEOBACHTE DICH EINMAL SELBST:

Wie oft hast du schon nachgegeben um des lieben Friedens willen?

Wie häufig hast du dich in Grund und Boden geschämt, wenn dein Kind wie von der Tarantel gestochen losgeschrien hat, weil ihm irgendeine Kleinigkeit nicht gepasst hat?

Oder wie häufig ertappst du dich dabei, deinem Kind zu sagen, dass das alles doch nicht so schlimm und jetzt wieder gut sei und es doch aufhören könne zu weinen?

All diese Reaktionen entstehen aus unserer Angst vor negativen Emotionen. Diese Angst liegt darin begründet, dass wir nicht wissen, wie wir damit umgehen sollen. Besonders wenn sie mit großer Intensität vorgebracht werden, fühlen wir uns oft hilflos und ihnen ausgeliefert. Wir haben den Eindruck, die Kontrolle zu verlieren, und tun alles, um sie wieder zurückzuerlangen.

Wir möchten dir gern eine andere Definition von Gefühlen schenken, die dir helfen kann, mit jeglichen Emotionen deiner Kinder gelassener und entspannter umzugehen. Denn aus unserer Sicht gibt es keine guten und schlechten Gefühle. Es gibt keine wünschens- oder vermeidenswerten Emotionen. Alles darf da sein. Jedes Gefühl entsteht aus einem Grund.

Für uns sind Emotionen Wegweiser. Sogenannte Hinweisschilder unserer Seele, die uns erkennen lassen, ob wir uns gerade im Einklang mit uns selbst und unserer echten Intuition befinden oder eben nicht. Positive Gefühle zeigen dabei an, dass gerade etwas passiert, was uns gefällt, was wir mögen und was uns guttut. Negative Emotionen sind Hinweise dafür, dass gerade etwas passiert, was uns nicht gefällt oder nicht guttut. Nicht mehr und nicht weniger. Wenn du dir diese etwas sachlichere Sichtweise auf Emotionen aneignest, gelingt es dir viel leichter, gelassen mit allen Gefühlen umzugehen. In der Folge brauchst du keine Angst vor Emotionen zu haben, sondern kannst dein Kind kompetent dabei unterstützen, herauszufinden, was es gerade braucht, um wieder in seine Balance zu kommen. Wann immer du merkst, dass du auf einen Gefühlsausbruch deines Kindes angespannt reagierst, atme zweimal schnell durch die Nase ein und dann durch den Mund wieder aus. Diese Atemtechnik hilft dir, deine innere Gelassenheit wiederzuerlangen. Anschließend kannst du dein Kind durch seine Emotionen begleiten. Du kannst ihm aktiv zuhören und dich mit deinem Kind gemeinsam auf die Suche machen, was es gerade von dir oder vom Leben benötigt. Findet gemeinsam heraus, worauf das negative Gefühl hinweisen will. Und nein, es geht nicht darum, den Wunsch nach Gummibärchen doch zu erfüllen, sondern eine Antwort darauf zu finden, was dahintersteckt. Vielleicht ist das Kind so müde oder hungrig, dass es von der Situation einfach überfordert ist. Oder es will ausdrücken, dass es mehr Entscheidungen für sich treffen muss, um selbstständig werden zu können. Oder es benötigt mehr liebevolle Klarheit und Präsenz von dir.

Probleme werden nie auf der Ebene gelöst, auf der sie entstanden sind. Sie weisen immer nur auf tiefer liegende Bedürfnisse hin. Wann immer du negative Emotionen als Wegweiser siehst, dich auf die Suche nach dem zugrunde liegenden Bedürfnis machst und dann Wege findest, wie diese erfüllt werden können, wird euer Miteinander von Tag zu Tag schöner und erfüllter. Je intensiver du dein Kind in diesen Prozess miteinbeziehst, umso schneller kann es beginnen, diesen für sich selbst zu durchlaufen. Dann muss es weder in negativen Emotionen versinken noch sie unterdrücken, sondern kann sie für sich nutzen, um herauszufinden, was es selbst gerade braucht und wie es sich dieses Bedürfnis erfüllt. Bereits Kinder im Grundschulalter bemerken, wann sie Zeit für sich brauchen oder kurz durchatmen müssen, um sich selbst wieder zu regulieren. Oder dass jetzt keine gute Zeit ist, um gemeinsam ein Spiel zu spielen, oder dass sie jetzt genug gegessen haben.

Damit Kinder diese Fähigkeit zur Selbstregulation erlernen können, müssen wir aufhören, gegen Gefühle anzukämpfen, sie eliminieren zu wollen oder darin zu versinken, und stattdessen anfangen, sie als Wegweiser zu betrachten.

Wir wünschen dir unfassbar viel Freude dabei!

42. Warum Wut gut ist

Wenn du das vorherige Kapitel gelesen hast, hast du bestimmt schon ein Gefühl dafür bekommen, dass auch Wut etwas Gutes sein könnte, denn auch Wut ist ja nur eine Emotion, die einen Hinweis enthält. Weil Wut das Gefühl ist, mit dem wir Eltern oft am schlechtesten umgehen können, schauen wir in diesem Kapitel noch einmal detaillierter auf diese Emotion.

Wut ist ein sehr intensives Gefühl. Sie entsteht, wenn die Gefühle, die zuvor aktiv waren, nicht wahrgenommen oder beachtet wurden. In ihrer Impulsivität ist Wut insofern besonders bedeutsam, weil wir sie von allen Gefühlen am schlechtesten wegdrücken oder ignorieren können. Ein Kind, das sich etwas nicht zutraut oder frustriert ist, dem die Emotionen zwar anzusehen, aber nicht lautstark zu hören sind, kann im Alltagstrubel unbeabsichtigt relativ leicht übersehen werden. Denke dabei zum Beispiel an ein Kind, das im Supermarkt nach einem Heft fragt und dein Nein mit hängenden Schultern und traurigem Blick akzeptiert, während du schon zum nächsten Regal läufst und der Reaktion deines Kindes keine weitere Beachtung schenkst. Wünscht sich das Kind anschließend ein bestimmtes Müsli, das du auch nicht kaufen willst, und erlebt anschließend, dass du auch den Wunsch nach dem Schokoriegel ausschlägst, ist es kein Wunder, wenn dann die Wut auf die Bühne tritt. Schließlich hat das Kind innerhalb kürzester Zeit mehrfach erlebt, dass seine Bedürfnisse nicht beachtet wurden. Die Wut hilft ihm, auf sich aufmerksam zu machen und gibt ihm die Möglichkeit, den aufgestauten Frust abfließen zu lassen.

Kinder, die in solchen Situationen nicht in der Lage sind, wütend zu werden, laufen Gefahr, unterzugehen. Sie finden keinen Weg, um auf sich und ihre Bedürfnisse aufmerksam zu machen, und werden daraus folgern, dass ihre Bedürfnisse keinen Wert haben. Sie passen sich über die Maßen an und geben sich selbst auf. Nicht von ungefähr steigt die Anzahl der Kinder mit depressiven Erkrankungen in den letzten Jahren signifikant an. Denn in unserer Gesellschaft ist immer weniger Raum für intensive Gefühle wie Wut.

Dabei ist Wut genau genommen nur ein Warnsignal, das uns aufmerksam machen will. Genau wie wir Schmerz empfinden, wenn wir auf die heiße Herdplatte fassen, empfinden wir Wut, wenn unsere Integrität bedroht ist, wenn wir den Eindruck haben, dass unsere Bedürfnisse nicht ernst genommen und wir dadurch als Person nicht geschätzt werden.

Deshalb fang an, Ja zur Wut zu sagen. Ein Kind, das wütend wird, ist in großer Not und die Wut ist sein Mittel zum Zweck, um in seiner Individualität beachtet und gesehen zu werden.

Auch deine eigene Wut ist ein Warnsignal, das dich aufmerksam machen will, dass du nicht gut für dich sorgst oder nicht das Leben lebst, das du leben möchtest. Wann immer wir gegen unsere Integrität, unsere Intuition, unsere innere Weisheit arbeiten, entsteht im besten Fall Wut. Deshalb ist Wut gut und wichtig, denn viel zu viele Menschen «werden gelebt», statt ihr Leben aktiv zu gestalten.

Kein Wunder und doch wunderbar, wenn sich unsere Kinder das nicht gefallen lassen.

So wie Schmerz gut ist, wenn wir auf die heiße Herdplatte fassen, ist auch Wut gut und wichtig. Dennoch sind weder Brandblasen noch Wutanfälle nötig, denn sie haben oft zerstörerisches Potenzial und richten viel Schaden an – an der Hand oder in unseren Beziehungen. Deshalb ist es wichtig, die Signale vor der Wut richtig zu deuten und die Kinder bestmöglich dabei zu unterstützen, für sich selbst zu sorgen. Dann werden sie die Wut nicht mehr brauchen, um auf sich und ihre Bedürfnisse aufmerksam zu machen.

43. | Wie dein Kind dein Nein akzeptiert

Wer kennt es nicht: Sobald wir dem Kind etwas ausschlagen und mit Nein auf einen Wunsch oder eine Bitte antworten, geht entweder das Geschrei los oder wir werden geflissentlich ignoriert. «Kann ich noch eine Folge?» – «Nein!» Trotzdem schaut das Kind einfach weiter. Auf unsere Bitte, den Fernseher jetzt auszuschalten, passiert genau eine Sache, nämlich nichts. Wenn wir dann das Gerät abstellen, folgen Beschimpfungen und lautes Gemecker. Unendlich viele Eltern sind einfach nur müde, angestrengt und genervt davon, alles hundertmal sagen zu müssen und nichts passiert.

Deshalb wollen wir dir in diesem Kapitel einen Weg zeigen, wie du so liebevoll Nein sagen kannst, dass dein Kind deine Ansage akzeptiert. Dafür müssen wir vorwegschicken, dass dieser Weg nur dann funktionieren kann, wenn du wesentlich häufiger Ja als Nein sagst. Denn all unsere #gemeckerfrei®-Tools sind nie dazu gedacht, dass dein Kind «funktioniert», sondern es geht immer darum, euer Miteinander so zu gestalten, dass es für euch als Eltern und für eure Kinder gleichermaßen erfüllend ist. Niemand erlebt gern einen Alltag, in dem einem ständig Neins entgegenschlagen und wir uns mit unseren Bedürfnissen nicht gesehen fühlen. Wenn du herausfinden willst, ob du zu oft Nein sagst, hör einfach deinem Kind zu. Wenn dir viele Neins aus seinem Mund entgegenschallen, kannst du davon ausgehen, dass du selbst auch zu oft Nein sagst. Dein erster Schritt auf dem Weg ist also, mehr Ja zu sagen.

Wenn du die drei Zauberfragen bereits anwendest und die wenigen Neins, die einfach unvermeidbar sind, immer noch ein gewaltiges Theater seitens deines Kindes erzeugen, dann kann es, je nachdem wie anstrengend dein Tag bisher war, sehr herausfordernd sein, auch dieses Verhalten nicht persönlich zu nehmen und einen Weg zu finden, der es dir ermöglicht, die Situation würdevoll für alle zu beenden. Glücklicherweise wissen wir heute, wann ein Kind dein Nein leichter akzeptieren kann und wann wir es ihm doppelt schwer machen.

Lass uns auch hierbei wieder unterscheiden in das, was du bist, und das, was du sagst. Gerade wenn du Nein sagen willst, musst du vollkommen klar sein. Solange du rumeierst oder mal eben aus der Küche herüberrufst oder solange du der Meinung bist, du könntest mit deinen Gedanken woanders sein und dein Kind ließe sich in einem für es selbst unangenehmen Moment von dir führen, bist du auf dem Holzweg. Dein Kind braucht gerade in Situationen, in denen es zwischen seinen und deinen Bedürfnissen entscheiden muss, deinen Halt, deine Klarheit, deine Führung. So, wie Leitplanken die Straße eingrenzen, muss deine Präsenz den Pfad bereiten, damit dein Kind dir folgen kann. Sobald du im Eltern-Ich bist, kannst du diese innere Klarheit nicht in dir erzeugen, weil du dir ja selbst nicht sicher bist, warum man dieses oder jenes jetzt eigentlich nicht macht. Nutze auch hier die Zauberfragen, um ins Erwachsenen-Ich zu kommen und innere Klarheit darüber zu erlangen, wo dein Kind dir jetzt tatsächlich folgen muss.

Wenn du dir sicher bist, dass das Kind nicht noch eine Folge der Serie schauen darf, gilt es, dich selbst darauf vorzubereiten, deinem Kind zu helfen, sich von dir führen zu lassen. Denn Nein zu sagen und dein Kind in die Akzeptanz zu führen, kann nicht nebenbei gelingen, es ist ein Projekt.

Lass uns im nächsten Schritt einen Blick darauf werfen, welche Worte du im besten Fall dabei benutzt und welche dich in Teufelsküche bringen. Denn gerade, wenn wir unseren Standpunkt gegenüber anderen, die unsere Meinung nicht teilen, durchsetzen wollen, neigen wir dazu, diesen mit vielen Argumenten zu begründen und zu erklären. Wir hoffen auf Einsicht beim Kind – darauf können wir allerdings lange hoffen. Denn sobald du beginnst, ein Nein zu begründen, fühlt sich dein Kind zu einem Wettstreit herausgefordert: Wer die besseren Argumente hat, gewinnt. Alles, was du sagst, empfindet das Kind als Einladung, deine Entscheidung zu diskutieren. Deshalb dreht es so richtig auf und die Bereitschaft, sich von dir führen zu lassen, sinkt mit jeder Minute. Denn jetzt geht es für das Kind nicht mehr nur darum, deine Entscheidung, dein Nein, zu akzeptieren, es geht jetzt auch darum, ob es den Wettkampf zwischen euch gewinnt oder verliert. Sobald du dein Nein begründest, machst du es deinem Kind unmöglich, dir zu folgen, ohne sich selbst als Verlierer, Versager oder Loser zu fühlen. Es hätte dann eine doppelte Last zu tragen: Es muss einerseits sein Verhalten deinen Wünschen unterordnen und zusätzlich damit klarkommen, dir argumentativ unterlegen zu sein. Aber wer sich schon schlecht fühlt, hat keine innere Bereitschaft, seine Bedürfnisse zurückzustellen. Deshalb kämpft das Kind in der Regel bis aufs Blut darum, den Wettkampf, der unterwegs zu einem Machtkampf wird, zu gewinnen. Gemeinsam macht ihr euch euer Leben zur Hölle. Deshalb lautet die erste wichtige «Regel» beim Neinsagen: Du musst innerlich vollkommen klar sein, welchen Aspekt du zur Diskussion freigibst und wo du nicht mit dir verhandeln lässt. Und zwar bevor du den Mund aufmachst und anfängst zu sprechen.

Weiterhin ist es hilfreich, das Wort «Nein» gar nicht zu benutzen. Denn für die meisten Menschen ist allein das Wort ein rotes Tuch. Was kannst du stattdessen sagen?

Als Erstes kannst du deinem Kind Verständnis entgegenbringen, z. B. indem du sagst: «Ja, ich kann verstehen, dass es dir wirklich Freude machen würde, noch länger fernzusehen.» Damit fühlt sich dein Kind gesehen.

Anschließend kannst du dein Bedauern ausdrücken: «Ich kann verstehen, dass du es total blöd findest, wenn der Fernseher jetzt ausgeht.» Formuliere entpersonalisiert, sag nicht, dass DU den Fernseher ausmachst, sondern nimm die Haltung ein, dass das Gerät gleich ausschaltet und man nichts dagegen tun kann. So, als würde der Strom ausfallen.

Zum Abschluss kannst du dem Kind einen Alternativimpuls schenken: «Möchtest du jetzt noch ein bisschen aufs Trampolin oder lieber direkt Abendessen?»

Wähle am besten eine Sache (Trampolin) aus, von der du weißt, dass dein Kind eine Riesenfreude daran hat und sie wirklich gern macht. Die Alternative (Essen) darf so langweilig sein, dass es dem Kind leicht fällt, zu entscheiden. Durch die Wahlmöglichkeit hat es jedoch das Gefühl, selbst eine Entscheidung treffen zu können, und dadurch kann es dein Nein leichter akzeptieren.

Wann immer diese Vorgehensweise ohne Geschrei funktioniert, kannst du dir auf die Schulter klopfen, denn dann warst du innerlich liebevoll und klar. Im Umkehrschluss bedeutet das, dass es nie die Worte sind, die den Unterschied machen. Wenn dein Kind protestiert und gegen deine Ansagen ankämpft, geh einen Schritt zurück und trainiere deine innere Klarheit.

Für den Fall, dass du unsere Impulse zwar verstehst, es aber dennoch bei der Umsetzung hapert, möchte ich dich einladen, dich von uns an die Hand nehmen zu lassen – und zwar über dieses Buch hinaus. Denn manche Schritte auf dem Weg zu einem gemeckerfreien Familienleben erfordern einfach ein intensives Arbeiten an sich selbst. Dabei kann es hilfreich sein, jemanden an seiner Seite zu haben, der einen dabei unterstützt, alte Glaubenssätze oder Muster, die es einem oftmals so schwer machen, aufzuspüren und zu lösen. Diese individuelle Unterstützung geht weit darüber hinaus, was ein Buch leisten kann. Wann immer du beim Umsetzen der Inhalte an deine Grenzen stößt, liegt das also weder daran, dass du zu doof bist oder die Methode blöd ist, sondern daran, dass du oder ihr in eurem Familiensystem einfach intensivere Unterstützung bei der Umsetzung braucht. Wenn du magst, helfen wir dir gern.

44. Wie dein Kind kooperiert

Wir alle wünschen uns Kinder, die mitmachen, mit anpacken, mit uns gemeinsam das Wohlergehen der Gemeinschaft im Blick haben. Damit deine Kinder diese Fähigkeiten erlernen können, müssen wir als Eltern verschiedene Aspekte im Blick haben. Zum einen dürfen wir uns wieder und wieder bewusst machen, dass jedes Kind kooperieren will. Es ist eines seiner Grundbedürfnisse. Allerdings ist seine Kooperation der Dank des Kindes an dich für deine zuvor erbrachte Beziehungsarbeit. Wir initiieren somit die Kooperation des Kindes durch unser Verhalten.

Ein zentraler Aspekt, der Kooperation fördert, kam in diesem Buch schon wiederholt zur Sprache: Wertschätze das Bemühen und das Tun des Kindes, indem du akzeptierst, dass das Kind Dinge auf seine Weise tut, und verzichte darauf, nachzubessern. Und glaub mir, ich weiß, wie schwer das mitunter sein kann und wie schnell man sich dabei ertappt, doch nur mal schnell einzugreifen, es fällt ja nicht auf. Doch, das tut es. Du kannst sicher sein, das Kind wird es bemerken.

Also lautet ein wichtiger Grundsatz: Dass dein Kind kooperieren und dir helfen will, ist bedeutsamer als die Art seiner Hilfe.

Der zweite Grundsatz, der für ein kooperatives Verhalten des Kindes bedeutsam ist, ist die Hilfe zur Selbsthilfe: «Liebes Kind, ich helfe dir, wenn du mich brauchst – aber nur dann!» Wann immer wir als Erwachsene eingreifen, ohne dass uns das Kind nonverbal oder mit Worten um Hilfe gebeten hat, leisten wir keine Hilfe, sondern verhalten uns übergriffig. Das bedeutet, dass wir immer, wenn wir helfen, ohne darum gebeten worden zu sein, dem Kind die Botschaft übermitteln, dass wir ihm nicht zutrauen, es allein zu schaffen. Wann immer wir nicht die Geduld aufbringen, zu warten, bis das Kind allein beide Schuhe angezogen hat, wir ungeduldig werden, wenn es bedächtig sein Lego vom Esstisch sammelt und dabei viel länger braucht, als wir brauchen würden, wenn es uns zur Weißglut bringt, weil es jedes Wäschestück einzeln ins Bad trägt, wenn der Teenager siebzehn Wecker braucht, bis er aufwacht, und wir schon nach dem ersten Klingeln ins Zimmer stürmen … All das sind Beispiele dafür, dass wir unserem Kind nicht zutrauen, seine Angelegenheiten selbst zu bewältigen. Wann immer wir unnötig eingreifen und dem Kind helfen, erlebt das Kind unsere Unterstützung als Einmischung, als etwas Unangenehmes und Übergriffiges. Und etwas, das wir selbst nicht mögen, entwickeln wir nicht als Fähigkeit. Warum also sollte das Kind hilfsbereit werden, wenn es doch hasst, wenn du ihm hilfst – weil es eben nicht danach gefragt oder darum gebeten hat?

Der dritte Grundsatz, den es zu verinnerlichen gilt, wenn wir unsere Kinder dabei begleiten wollen, kooperieren zu lernen, ist, die Fähigkeit hinter der Kooperation zu erkennen und zu fördern. Denn auf eine Bitte hin mitzumachen oder zu helfen, ist am Ende des Tages keine Kooperation, das ist eher Dressur oder Gehorsam. Echte Kooperation entsteht, wenn das Kind von selbst erkennt, was wann und wo getan werden muss. Sieht das Kind von sich aus, dass du gerade kochst und der Tisch gedeckt werden kann? Erkennt es, wenn du mit der schweren Einkaufstasche kommst, und hält dir die Tür auf? Bemerkt es, wenn im Gespräch jemand traurig ist, und schenkt ihm einen liebevollen Blick?

All das ist Kooperation. Ein Beitrag zum Gelingen unserer Gemeinschaft. Um diese Fähigkeit zu entwickeln oder gegebenenfalls einfach behalten zu können – denn wir sind uns immer gar nicht so im Klaren darüber, was ein Kind eigentlich alles mitbringt und was wir ihm womöglich erst abtrainieren, um es ihm anschließend wieder beizubringen –, benötigt das Kind die Fähigkeit zur Beobachtung. Das fängt bei minikleinen Situationen an: Darf das Kind der Raupe so lange zuschauen, bis sein Interesse daran erschöpft ist? Realisierst du, dass das Kind, während es aus dem Fenster schaut, einen Vogel beobachtet oder einen Wassertropfen an der Scheibe? Statt zu glauben, das Kind wäre unaufmerksam, weil es mit seinem Fokus nicht bei den Hausaufgaben ist, gilt es zu erkennen, dass es voller Engagement etwas anderes wahrnimmt. Wenn wir diese Fähigkeit nicht würdigen, verlernt das Kind seine Beobachtungsgabe. Um seinen Fokus auf den langweiligen Schulaufgaben halten zu können, muss es Scheuklappen entwickeln, die all die anderen interessanten Dinge des Lebens ausblenden. Allerdings dürfen wir uns dann nicht wundern, dass es eben irgendwann nicht mehr bemerkt, wenn es jemand anderem zu nahe gekommen ist, dass der Tisch gedeckt werden muss oder der kleine Bruder rasch auf die Toilette begleitet werden will. Wenn wir von unseren Kindern erwarten, sich auf Dinge zu fokussieren, für die sie keine Begeisterung verspüren, trainieren wir ihnen die Fähigkeit zur Beobachtung und somit zur Kooperation ab. Das ist, mit Verlaub, nicht ganz so klug von uns, oder?

Also lautet der dritte Grundsatz ganz konkret: Ermögliche deinem Kind, seinen Fokus auf das zu richten, wofür sein Herz schlägt, was es begeistert und wofür es brennt. Dann kannst du ganz getrost aufhören, ihm Kulturtechniken wie «Bitte» und «Danke» sagen beibringen zu wollen, denn ein waches, beobachtungsstarkes Kind wird dich ohnehin nachahmen. Falls dir jedoch auffällt, dass sich dein Kind nie bedankt und alles für selbstverständlich nimmt, kannst du dir an die eigene Nase fassen und für dich überprüfen, welchen Stellenwert Dankbarkeit in deinem Leben hat. Bernd und ich, wir lieben es, Dankbarkeit zu zelebrieren, und wir schätzen es sehr, welche Auswirkungen es auf die Kinder hat. Für sie ist es inzwischen ganz normal, dass sie sich dafür bedanken, dass wir sie zum Beispiel ans Ziel gefahren haben, dass wir arbeiten, um Geld zu verdienen, dass wir das Essen kochen oder uns Zeit zum Spielen nehmen. Und all diese kleinen Dankbarkeitsmomente nähren unser Miteinander, tun uns allen gut und schaffen eine Atmosphäre, in der jeder gern mit all seinen Talenten und Fähigkeiten einen Beitrag leistet und kooperiert.

45. | Was tun, wenn Kinder streiten?

Wer mehr als ein Kind hat, kennt es aus den eigenen vier Wänden; alle Ein-Kind-Eltern erleben es auf dem Spielplatz: Kinder streiten, es wird laut und irgendwann auch körperlich. Ich fand das immer schrecklich. Da gehen zwei meiner Kinder, die ich beide von ganzem Herzen liebe, aufeinander los – obwohl wir doch ständig alles gegeben haben, um die unterschiedlichen Bedürfnisse zu erfüllen. Damals wussten wir jedoch noch nicht, dass Bedürfnisse, die aus einer Mangelenergie heraus befriedigt werden, nicht wirklich erfüllt werden. Und gleichzeitig ging es uns so, wie vielen Eltern: dass streitende Kinder all unsere unbewussten Programmierungen zum Thema Streit getriggert haben. Kinderstreit bricht in Rekordgeschwindigkeit alte Wunden auf. All die Momente, in denen wir uns nicht durchsetzen konnten, uns nicht gesehen fühlten und negative Emotionen unterdrückt haben, werden von unseren streitenden Kindern wachgeküsst. Und wir als Eltern können nicht wegrennen, sondern müssen uns der Situation stellen. Um zukünftig entspannter reagieren zu können, wäre es ein erster Schritt, all die Trigger als Einladung zu betrachten, deine alten Wunden zu heilen. Denn du bist heute erwachsen, du kannst jede Situation händeln. Du bist sicher und dir kann nichts passieren.

Wenn du magst, nutze gern folgenden Satz: «Ich vertraue mir und ich vertraue dem Leben» und wiederhole ihn so lange, bis du ruhiger und entspannter bleiben kannst – auch wenn deine Kinder streiten. Denn solange du dich gegen den Streit wehrst, weil er alte Trigger in dir aktiviert, ziehst du streitende Kinder an wie das Licht die Motten. Erst wenn du gelassen wirst und das Vertrauen entwickelst, dass deine Kinder genauso lernen können, nicht zu streiten, wie sie laufen oder sprechen lernen, verliert das Thema seine emotionale Ladung. Gleichzeitig können sich alle Familienmitglieder entspannen, sobald du Ja sagen kannst zu Geschwisterstreit. Denn es ist nicht schlimm, wenn sich deine Kinder im Moment noch streiten.

Gleichzeitig haben wir herausgefunden, dass Kinder nicht lernen müssen, wie streiten geht. Zu streiten ist quasi das Worstcase-Szenario. So wie es passieren kann, dass wir mal eine Delle ins Auto fahren, kann es auch mal Streit geben. Aber weder kommst du auf die Idee, immer neue Dellen ins Auto zu fahren, noch meinen wir, dass wir lernen müssten, Dellen in unser Auto zu fahren. Genauso ist es mit Streit. Niemand muss lernen zu streiten. Vielmehr müssen wir lernen, unsere Bedürfnisse miteinander auszuhandeln – und dafür braucht es keinen Streit.

Auf unserer eigenen #gemeckerfrei®-Abenteuerreise haben wir vor Jahren erstaunt festgestellt, dass es schon seit Monaten keinen Streit mehr zwischen unseren Kindern gab. Und das ist bis heute unser Normalzustand. Unsere Kinder streiten nicht. Weder untereinander noch mit uns oder mit anderen Kids/Jugendlichen. Dafür sind sie Meister darin, Bedürfnisse zu erkennen, auszuhandeln und zu erfüllen. Das kann auch dein Ziel sein: ein Alltag ohne laute Worte, ohne Geschrei und ohne Streit. Und das Wundervolle daran ist, dass es so wahnsinnig viel unnütz vertane Zeit und Energie spart, wenn du nie gebraucht wirst, um einen Streit zu verhindern oder zu lösen.

Auf dem Weg dahin gilt es, Frieden zu schließen mit Kindern, die streiten. Denn dieses Verhalten ist gerade ihre beste Option. Wir als Eltern können sie jedoch dabei unterstützen, neue beste Verhaltensweisen zu entwickeln und zu erlernen. Dazu dürfen wir erkennen, dass Kinder, die einen Streit vom Zaun brechen, in großer Not sind. Denn meist trügt der Schein, wenn wir meinen, ein Kind sei der Aggressor und das andere das Opfer. Deshalb ist auch wichtig, dass wir als Eltern bei Geschwisterstreitigkeiten nie Partei ergreifen. Denn Kinder, die hauen oder beißen, wissen sich einfach nicht mehr anders zu helfen, und in den meisten Fällen hat das vermeintliche Opfer-Kind das andere Kind bis aufs Blut gereizt. Statt Partei zu ergreifen, unterstütze deine Kinder dabei, Streitsituationen zu befrieden, indem du die Situation moderierst. Lass dich nicht zum Spielball machen oder instrumentalisieren, indem du dich auf eine Seite ziehen lässt, sondern begleite die Kids gelassen in der Lösungsfindung. Je ruhiger du selbst bist, umso leichter lassen sich die Kids zurück in eine entspannte Grundstimmung führen.

In den meisten Fällen greifen wir als Eltern zu spät ein, weil wir denken, unsere Kinder müssten die Situation allein lösen können. Da wir aber in der Regel alle über keine so gute Streitkultur verfügen, können sich unsere Kinder diese nicht von uns abschauen. Es fehlen die Vorbilder und deshalb sind wir als Begleiter so wichtig. Wann immer du den Eindruck hast, dass sich ein Streit entzünden könnte, geh zu den Kindern, benenne, was du wahrnimmst, und biete dich als Unterstützer an. Sei hartnäckig und lass dich nicht wegschicken.

Hab im Blick, dass Kinder das «Miteinander spielen» genauso lernen müssen wie Fahrrad fahren oder Haare kämmen. Es ist eine Fertigkeit, die entwickelt werden muss. Dafür brauchen sie Erwachsene, die an sie glauben, sie unterstützen und ermutigen. Mit den hier beschriebenen Methoden kannst du erste Schritte im Umgang mit Geschwisterstreit gehen.

46. | Warum Loben egoistisch und keine Liebe ist

Dieses Thema ist ein echtes Pulverfass, deswegen möchten wir dir gern ein paar Gedankenanstöße zum Loben und Kritisieren mitgeben. Denn der Irrglaube, dass ein Kind nicht zu viel gelobt werden kann, hält sich hartnäckig. Das ist auch verständlich, sind doch viele von uns mit dem Satz «Nicht geschimpft ist gelobt genug!» aufgewachsen – was natürlich auch totaler Blödsinn ist. Solange wir glauben, dass Kinder sich den Vorstellungen der Erwachsenen zu beugen haben, machen Strafen und Belohnungen durchaus Sinn, weil jedes Lob und jede Kritik – beides sind Formen von Belohnung und Strafe – uns hilft, das Kind in eine bestimmte Richtung zu erziehen. Wann immer wir als Erziehende mit Strafen und Belohnungen arbeiten, konditionieren wir unsere Kinder auf ein bestimmtes Verhalten. Das Kind lernt innerhalb kurzer Zeit, dass es immer wenn es brav ist, ein Gummibärchen bekommt, und immer wenn es rumschreit, in sein Zimmer geschickt wird. Also wird es immer öfter brav sein und sein Bestes geben, um zu vermeiden, in sein Zimmer zu müssen – außer das

Kind vollzieht für sich einen Perspektivwechsel und beginnt, die Zeit allein in seinem Zimmer zu genießen. Wer sich an Michel aus Lönneberga von Astrid Lindgren und seinen Schuppen erinnert, kennt das.

WAS PASSIERT, WENN WIR EIN KIND LOBEN?

Jedes Lob ist eine Bewertung, die wir Erwachsenen vornehmen, denn wir entscheiden, für welches Verhalten wir ein Lob verschenken und für welches nicht. Damit sagt das Lob im Grunde mehr über den Lobgeber als über das Kind aus. Es mag zum Beispiel sein, dass sich das Kind wahnsinnig angestrengt hat, sein Bestes gegeben, aber nicht das erhoffte Ergebnis erreicht hat. In den Augen des Lobenden gibt es nichts Positives zu bemerken – weil er das Bemühen vielleicht auch gar nicht bemerkt hat. Für das Kind kann dieser Prozess aber einen Meilenstein in seiner Entwicklung bedeuten und dann wäre es gravierend, wenn dieser von den Großen nicht gesehen wird. Denn wenn Kinder auf Lob trainiert sind, entsteht eine Erwartung. Wenn sie in einer Situation Lob erwarten, aber kein Lob bekommen, fühlt sich das unangenehmer an als eine offene Kritik. Mit jedem Lob machen wir das Kind außerdem von uns und unserer Bewertung abhängig. So wird es nicht in der Lage sein, echtes Selbstbewusstsein zu entwickeln. Es wird lediglich lernen, wie es sich verhalten muss, um uns zu gefallen. Dadurch verschwindet mit der Zeit seine intrinsische Motivation, im Gegenzug entwickeln sich Leistungsmuster. All die Erwachsenen, die die Karriereleiter mit dem Hamsterrad verwechseln, sind auf Lob «dressiert» und nicht in der Lage, zu fühlen, was sie brauchen oder was sie sich wünschen. Sie funktionieren nur noch, treiben sich an, geben alles für ein bisschen Bestätigung und landen irgendwann in der Midlifekrise oder im Burn-out.

Unser Vorschlag: Fang noch heute an, mit dem Loben aufzuhören. Lerne stattdessen, dein Kind wahrzunehmen. Sieh, was ist. Erkenne sein Bemühen. Nimm wahr, wie schnell es heute gelaufen ist, welche kreativen Lösungen es gefunden hat, und lass es das wissen. Freu dich mit ihm an den Dingen, die es für sich selbst als Erfolg empfindet. Sei sensibel dafür, wo dein Kind von deiner Rückmeldung profitiert und wo du es in seinem Lernen nur unterbrichst. Schätze und liebe es für das, was es ist, nicht für das, was es leistet. Und sorge dafür, dass es immer das Gefühl hat, wundervoll zu sein. Dass es nichts leisten muss, um gemocht zu werden. Dass es alles werden darf, was es sein will. Dass es sein Leben ist und es dieses selbst gestalten kann. Dass es immer wieder neu wählen und neu entscheiden kann und dass es sicher ist. Dass ihm nichts passieren kann.

Und wenn diese Sätze in dir nachklingen, dann beginne bei dir. Lerne all das auch für dich selbst. Denn wir sind nicht hier auf dieser Erde, um für ein bisschen Bestätigung die Erwartungen anderer zu erfüllen. Wir sind hier, um die Melodie unserer Seelen zum Klingen zu bringen, uns zu leben und die freudvollsten und schönsten Erfahrungen zu machen.

Ein wundervoller Zwischenschritt auf dem Weg vom Loben zum Wahrnehmen ist die Ermutigung. Das bedeutet, das Kind wissen zu lassen, wie dankbar du bist, dass es die Spülmaschine ausräumt, statt es toll zu finden, dass es das tut. Oder mitzuteilen, dass du dich freust, wenn die Kinder miteinander spielen. Uns und vielen unserer Teilnehmer haben diese Zwischenschritte sehr geholfen, denn zu Beginn entsteht leicht das Gefühl, dass man durch den Verzicht aufs Loben die ganze Liebe, die man für das Kind empfindet, nicht mehr zum Ausdruck bringen kann. Dabei hilft Freude oder Dankbarkeit. Dein Ziel darf immer sein, dass dein Kind aus sich heraus fühlt und weiß, dass es wertvoll ist. Dass es einen wichtigen Beitrag zum Gelingen unserer Welt leistet. Dass es dafür nichts Besonderes zu leisten braucht und dass niemand irgendetwas von ihm erwartet. Dass das Leben ein leeres Buch ist, das darauf wartet, von ihm auf seine ganz eigene Art und Weise gefüllt zu werden. Und dass wir als Eltern neugierig und staunend danebenstehen und gespannt sind, auf welche Art unser Kind sein Leben leben wird.

47. | Eltern sein als Paar – warum wir nicht immer einer Meinung sein müssen

Huiuiui, auch dieses Thema könnte allein ein ganzes Buch füllen, denn es gibt keinen anderen Aspekt, der für Paare so herausfordernd ist wie das gemeinsame Elternsein. Was im Grunde auf der Hand liegt, denn auf einmal muss aus zwei Einzelmeinungen ein gemeinsamer Standpunkt werden. Während es für Paare generell viele Möglichkeiten gibt, Konfliktthemen aus dem Weg zu gehen, müssen Eltern sich diesen stellen, damit sie ihr Kind gut begleiten können. Zunächst können wir also festhalten, dass es vollkommen normal ist, wenn Eltern bei vielen Themen unterschiedliche Ansichten und Meinungen haben. Schließlich hat jede und jeder von uns andere Erfahrungen gemacht und daraus andere Überzeugungen gewonnen und andere Rückschlüsse gezogen. Eure Kinder sind die Chance, eine gemeinsame Schnittmenge zu definieren und Wege zu finden, eure gemeinsame Herangehensweise zu den unterschiedlichsten Themen zu finden. Wie feiern wir Weihnachten, wie definieren wir Ordnung, welche Betreuungsformen wählen wir, wer darf uns in unsere Art, mit den Kids umzugehen, reinreden? Genau genommen gibt es unzählige Aspekte, die jede und jeder von uns ganz selbstverständlich in eine Richtung definiert, wobei es logischerweise noch x andere Herangehensweisen gibt. Wird das Essen für das Baby selbst gekocht oder gekauft? Lassen wir unser Kind impfen, taufen, von der Oma betreuen? Muss es ein Instrument lernen oder darf es das selbst entscheiden? Darf es im Familienbett schlafen? Schicken wir es in sein Zimmer, wenn es Mist gebaut hat? Wird es beim Einschlafen begleitet oder muss es das allein schaffen? Ist schimpfen okay? Und schreien?

Im ersten Schritt könnt ihr eine Liste mit den Themen erstellen, bei denen ihr immer schon dieselbe Meinung vertreten habt. Denn auch das gibt es natürlich – Dinge, die euch bisher nie als Konfliktthemen aufgefallen sind, weil ihr euch darin einig seid. Im zweiten Schritt listet all die Themen auf, bei denen es schwierig ist, einen gemeinsamen Standpunkt zu finden.

Hierbei gilt es nun zu erkennen, dass jeder von euch gute Gründe für seinen Standpunkt hat, dass keiner von beiden besser oder schlechter ist. Ihr habt beide gleichermaßen Recht mit eurer Meinung. Das ist in vielen Familien ein großer Knackpunkt, weil die Kompetenz, Kinder zu begleiten, bis heute eher der Frau zugesprochen wird. Dadurch bekommt die Meinung von uns Frauen einen größeren Stellenwert. Das ist allerdings ziemlicher Unsinn, denn außer schwanger zu sein, zu gebären und zu stillen gibt es keine Tätigkeit in der Betreuung von Kindern, die wir Frauen besser können als die Männer. Deshalb ist es wichtig, die

Kompetenz gleichmäßig beiden Elternteilen zuzusprechen und offen zu sein für beide Sichtweisen und am Ende jenen Standpunkt zu wählen, der unserem Kind und uns als Familie am meisten dient. Dadurch kommen Papas aus der Defensive und haben das Gefühl, Familie mitgestalten zu können, statt lediglich der Handlanger der Mütter zu sein. Und für alle Mamas ist dies die Chance auf einen Mann, der sich als aktiver Papa engagiert und ganz selbstverständlich sowohl den Mental Load bezüglich der Kinder als auch die alltäglichen Aufgaben mitträgt. Denn natürlich kann ein Papa genauso zum Elternabend oder zum Kinderarzt gehen oder mit dem Kind Sommerschuhe kaufen. Der Papa kann genauso trösten, entscheiden, was das Kind anzieht, Verabredungen treffen. Allerdings: Nur wenn wir Mamas aufhören zu glauben, wir wüssten, wie das alles zu laufen hat, bekommen die Väter die Möglichkeit, ihren eigenen Weg mit den Kids zu finden. Bernd und ich plädieren an dieser Stelle zunächst für eine Gleichwertigkeit eurer Standpunkte. Und für ein Ausdiskutieren auf Augenhöhe. Einen gemeinsamen Weg zu finden beinhaltet, dass jeder von euch bereit ist, seinen eigenen Standpunkt zugunsten eines gemeinsamen Vorgehens aufzugeben. Wenn euch das bisher schwerfällt, könnt ihr auch Folgendes probieren: Nehmt die Liste mit Themen, bei denen ihr unterschiedliche Ansichten habt, und kategorisiert die einzelnen Punkte nach persönlicher Wichtigkeit – jeder für sich. Zum Beispiel sind dem einen Regeln fürs Fernsehen wichtig, der andere vertritt den Standpunkt, dass sich das von allein regelt und ihm das Thema deswegen nicht so wichtig ist. Nun könnt ihr die Sichtweise von demjenigen zu eurem gemeinsamen Standpunkt macht, dem das Thema sehr am Herzen liegt. Und bei anderen Themen mag es andersrum sein.

Es gibt also zwei Ansatzpunkte, wie ihr Lösungen finden könnt: Entweder ihr diskutiert die einzelnen Themen so lange, bis ihr Wege findet, wie es für euch beide passt. Oder ihr gebt bei Themen, die einem von euch weniger wichtig sind, einfach nach und überlasst die Entscheidung dem anderen – vorausgesetzt, das bleibt ausgeglichen. Dadurch vermeidet ihr unnötig viele Diskussionen und könnt eure Energie für die Themen nutzen, die euch beiden am Herzen liegen.

Gleichzeitig kann und darf es Themen geben, die ihr unterschiedlich handhabt. Denn Kinder sind durchaus in der Lage, zu unterscheiden, was der Papa und was die Mama sagt. Vielleicht ist die Mama beim Einkaufen immer großzügiger und lässt das Kind mehr aussuchen. Und Papa ist nachgiebiger, wenn es um ein zweites oder drittes Buch vorm Einschlafen geht. Was, wenn ihr eure Unterschiedlichkeiten einfach feiert und – statt zu Konkurrenten zu werden – erkennt, dass eure Kids dadurch Flexibilität lernen.

Es gilt folglich herauszufinden:

- Welches sind die Themen, in denen wir sowieso einer Meinung sind?

- Wo haben wir unterschiedliche Standpunkte, brauchen aber dringend einen einheitlichen?

- Welche Themen sind einem von uns besonders wichtig, dem anderen aber nicht?

- Wo könnten uns allen unterschiedliche Standpunkte guttun?

Nutzt dieses Thema als Möglichkeit, euch als Paar näherzukommen und eure Familienmagie zu erschaffen. Bernd und ich zumindest wollten nie ein Abklatsch unserer beider ursprünglichen Familien sein – wir wollten unsere eigene Welt erschaffen, unsere eigenen Rituale, Gewohnheiten, Richtlinien und einfach neue Wege in unser Glück finden und gehen.

48. Erlaube deinen Kindern, Fehler zu machen

Eltern, die ihren Job als Eltern gut machen wollen, neigen heutzutage dazu, in ein Extrem abzurutschen: Sie verhalten sich überfürsorglich. Sie glauben, ihren Kindern möglichst viel abzunehmen, sie vor möglichst allen Gefahren zu bewahren und sie vor unangenehmen Erfahrungen zu beschützen, wäre ein Ausdruck von Liebe. Prüfe gern für dich, ob du dich darin wiederfindest. Wer als Kind den Eindruck hatte, nicht die Liebe, Wertschätzung und Unterstützung bekommen zu haben, nach der er sich gesehnt hat, will das bei den Kindern verständlicherweise anders machen. Dabei passiert es relativ leicht, dass wir so tun, als wären unsere Kids aus Zucker. Wir nehmen ihnen zu viel ab, trauen ihnen zu wenig zu und helfen zu viel. Dadurch halten wir unsere Kinder künstlich klein. Wir verhindern ihre Entwicklung und bringen ihnen bei, dass man besser Angst vor Fehlern haben sollte. Dabei sind Fehler wunderbare Helfer: Sie zeigen auf, welche Vorgehensweise zum gewünschten Ergebnis führt und welche nicht. Wenn es uns Großen gelingen würde, auch hier weniger zu bewerten und Fehler einfach als Geschenk und Einladung zur Entwicklung zu betrachten, würden wir es unseren Kindern sehr viel leichter machen.

Für dich selbst kannst du nun folgende Aspekte überprüfen:

Wie viele mögliche Gefahrensituationen schaffst du schon im Vorhinein aus dem Weg?

Wie häufig grenzt du den Erfahrungsspielraum ein, in dem das Kind sich bewegen kann?

Wie sehr minimierst du die Möglichkeiten, Fehler zu machen?

Stell dir Fragen wie:

- Lasse ich mein Kind Dinge ausprobieren, bei denen es möglich wäre, sich (leicht) zu verletzen?

- Darf mein Kind sein ganzes Geld für vermeintlichen Schwachsinn ausgeben und die Erfahrung machen, dass es dann keines mehr hat?

- Darf es so viel Eis essen, wie es will, auch wenn es davon womöglich Bauchschmerzen bekommt?

- Darf es die Erfahrung machen, über sich hinauszuwachsen?

- Traue ich ihm Dinge zu, die vermeintlich zu schwierig sind?

- Darf es all die verrückten Dinge tun, die wir als Kinder und Jugendliche auch getan haben?

- Schaffe ich Räume, in denen das Kind unbeobachtet ist?

Und dann frage dich weiter:

- Was bist du für ein Vorbild?

- Welchen Umgang mit Fehlern lebst du deinem Kind vor?

- Kritisierst du dich selbst und machst dich fertig, wenn der Kuchen fürs Schulfest wieder nicht aufgegangen und damit misslungen ist? Oder lachst du darüber und kaufst eben einen?

- Betrachtest du Fehler als Helfer oder machst du ein Drama daraus, wenn dir ein Fehler unterläuft?

- Bist du auch in schwierigen Situationen entspannt und lebst vor, dass es immer für alles eine Lösung gibt?

Denn wenn du zu deinem Kind sagst, dass es in Ordnung ist, Fehler zu machen, es dich aber gleichzeitig dabei beobachtet, dass du dich selbst verurteilst, sobald etwas misslingt, wird es sich genau das bei dir abschauen: Es wird lernen, dass Kinder Fehler machen dürfen, weil das noch nicht schlimm ist. Und es lernt, dass Erwachsenwerden bedeutet, im besten Fall keine Fehler mehr zu machen, weil jeder Fehler einer mittleren Katastrophe gleicht.

Wenn du deinen Kindern die Möglichkeit geben willst, ihr Potenzial zu entfalten, wenn du möchtest, dass sie innerlich stark und selbstbewusst werden, dann trau ihnen zu, ihre eigenen Erfahrungen zu machen. Sei der sichere Hafen, zu dem sie kommen können, wenn sie Hilfe brauchen, und gleichzeitig die sichere Basis, von der aus sie die Welt erkunden und sich erfahren dürfen. Hilf nur, wenn du gefragt wirst, halte aus, dass das Kind frustriert ist, wenn etwas nicht sofort gelingt, unterstütze sein Dranbleiben, indem du es ermutigst. Lebe ihm vor, wie es geht, Schwierigkeiten zu meistern – und wenn das nur bedeutet, dass du dir auch immer wieder etwas suchst, was du neu erlernen kannst. Wer nie hinfällt, lernt nicht, wie er damit umgeht. Wer nie Stress mit anderen Kids hat, weiß nicht, wie er so eine Situation lösen kann. Wer nie Dinge tut, die er eigentlich noch nicht kann, lernt nicht, sich Herausforderungen zu stellen.

Was, wenn wir für unsere Kinder gerade in der heutigen Zeit, in der es durch Ganztagsbetreuung und organisierte Freizeitbeschäftigungen wenig echte Freiräume gibt, vor allem die Möglichkeit schaffen müssen, an ihre eigenen inneren Begrenzungen zu stoßen und darüber hinauszuwachsen? Was, wenn unsere Welt längst so sicher ist, dass wir sie viel weniger beschützen als dabei begleiten müssen, fähig zu sein, sich jeglichen Herausforderungen zu stellen?

Natürlich sind und bleiben wir der sichere Hafen – aber lasst uns auch das Trampolin sein, von dem aus sie ihre Flügel ausbreiten und die Welt erkunden können.

49. | Fahr auf die Dachterrasse

Lass uns ein Spiel spielen! Stell dir vor, du hast ein Zimmer in einem Hotel im dritten Stock gebucht. Du schaust direkt auf das Gebäude gegenüber und die Bauarbeiter, die dort gerade das nächste Haus mauern, können dich bei allem, was du tust, beobachten. Das fühlt sich unangenehm an, dir fehlt deine Privatsphäre, schließlich willst du das Zimmer und den Balkon genießen und nicht die ganze Zeit im abgedunkelten Zimmer hinter Vorhängen sitzen, während draußen die Sonne scheint.

Du hast nun verschiedene Möglichkeiten. Du kannst im Dunkeln sitzen und atmen und dich damit abfinden. Oder du kannst dich beschweren. Es kann dir natürlich auch vollkommen gleichgültig sein, angestarrt zu werden. Dann bleibt nur noch der Lärm …

Fühl mal in dich hinein, ob eine Alternative dabei ist, die sich für dich so richtig gut anfühlt. Wenn es dir so ergeht wie mir, verneinst du das.

Eine weitere Alternative könnte sein, das Zimmer zu wechseln und dir ein Upgrade in die Penthouse-Suite auf der Dachterrasse zu gönnen. Dort hast du einen Weitblick über die ganze Stadt, eine wundervolle Terrasse, Privatsphäre so weit das Auge reicht. Es ist einfach wunderwunderschön. Wenn du dir vorstellst, dort auf der Dachterrasse im Whirlpool zu sitzen und die Stadt bei Nacht zu genießen, würdest du dann noch an die Bauarbeiter im dritten Stock denken?

Würden die dich noch stören? Würdest du den Lärm noch hören?

Wahrscheinlich nicht.

Die Botschaft hinter dieser Geschichte, die ich selbst erlebt habe, ist folgende: Natürlich kannst du auf der Ebene des Problems verweilen und versuchen, das Problem zu verringern. Das wird zu Verbesserungen führen, aber das ursprüngliche Problem nicht auflösen. Oder du lässt das Problem hinter dir, springst in die nächste Dimension und stehst für das Problem nicht mehr zur Verfügung. Denn es ist ja immer deine Entscheidung, ob du glaubst, etwas an der Situation verändern zu können oder nicht. Du wählst, ob du die Umstände positiv sehen kannst, dich von ihnen runterziehen lässt oder ob du sie gestaltest. Im Fall des Hotelzimmers war es für mich viel einfacher, das Problem hinter mir zu lassen, als ständig daran zu «arbeiten», es nicht so schlimm zu finden. Ich wollte es einfach nicht gut finden. Und ich bin heilfroh darüber, denn die Dachterrasse war großartig. Ich habe es geliebt, dort den Sternenhimmel, den Sonnenauf- und -untergang zu betrachten. Und ich bin mir selbst unendlich dankbar dafür, dass ich mich nicht abgefunden habe, sondern mir erlaubt habe, die Situation zu gestalten.

Genauso kannst du auch mit den Kindern etwas als Problem oder Drama empfinden oder du kannst Herausforderungen als Chancen sehen, um die Ebene zu wechseln und neue Erfahrungen zu machen.

Bernd und ich haben uns angewöhnt, sogenannte Probleme immer als Einladungen zu sehen, mit dem Aufzug nach oben zu fahren, die Ebenen zu wechseln und damit den Raum für neue Erfahrungen zu öffnen. Denn warum sollten wir uns mit etwas abfinden, das wir verändern können? Wir sind zu dem Schluss gekommen, dass unser gutes Gefühl das Wichtigste überhaupt ist. Als Familie natürlich in Absprache untereinander, denn es geht immer darum, dass es für alle passt. Viele Menschen haben nicht gelernt, sich zu erlauben, auf der Dachterrasse zu leben. Sie glauben, das Leben müsse schwer und anstrengend sein. Wir haben uns von diesem Gedanken verabschiedet und leben mittlerweile nach der Prämisse: Was sich nicht gut anfühlt, kann und muss weg. Love it, leave it or change it – liebe es, verlasse es oder verändere es so, dass du es lieben kannst. Was, wenn jedes Verlassen die Möglichkeit bietet, eine gläserne Decke zu durchstoßen, Dinge auf eine neue, noch nie dagewesene Art und Weise zu tun, zu entscheiden, für Drama und Leiden nicht mehr zur Verfügung zu stehen, sondern das Leben aktiv nach den eigenen Vorstellungen zu gestalten?

Dann passiert etwas Spannendes. Denn sobald du dich entscheidest, in den Aufzug nach oben zu steigen und energetisch hochzufahren, lädst du dein Umfeld ein, mit dir in den Aufzug zu steigen und nach oben zu fahren. Üblicherweise kennen wir diesen Mechanismus eher andersrum: Wann immer ein Familienmitglied schlechte Laune hat, fällt es allen anderen schwer, guter Dinge zu bleiben und sich nicht von der schlechten Laune anstecken zu lassen. Wenn das passiert, steigen wir alle in den Aufzug nach unten. Andersrum funktioniert der Mechanismus ebenso – wir sind darin nur nicht so geübt. Denn natürlich kannst du mit deiner guten Energie auch ansteckend sein. Da gilt es nur, den längeren Atem zu haben und sich nicht verunsichern zu lassen. Die Einladung, mit dir im Aufzug nach oben zu fahren, funktioniert jedoch nur, wenn du wirklich gute Laune hast, und nicht, wenn du an Problemen arbeitest und irgendwie versuchst, damit klarzukommen. Sobald du allerdings auf die Dachterrasse fährst und dir dort den Wind um die Nase wehen lässt, steigt deine Stimmung und es wird viel leichter, auch die Stimmungsmuffel nach oben einzuladen. Die Dachterrasse ist für die meisten von uns ein Ort, den wir uns üblicherweise nicht zu betreten erlauben. Solche wunderschönen Orte liegen jenseits unserer selbst auferlegten Begrenzungen, den sogenannten gläsernen Decken. Bezogen auf die Beziehungen in der Familie bedeutet das zum Beispiel, dass du dir erlaubst, von den schönsten Beziehungen zu träumen – ohne Streit und Gemecker und ohne dir selbst zu erklären, warum du das nie hinbekommen wirst. Oder dir vorzustellen, wie dein Partner oder deine Partnerin und du jeden Tag noch knallverliebter ineinander werdet und ihr so glücklich miteinander alt werden könnt, dass sich alle nur die Augen reiben, wie das denn möglich ist.

Auf die Dachterrasse zu wechseln, bedeutet, all das für möglich zu halten, was du bisher als Spinnerei oder Größenwahn abgetan hast, und all diese Bewertungen über Bord zu werfen. Denn das sind alles lediglich Indizien dafür, dass du an eine gläserne Decke in dir stößt. Für viele Menschen ist es zum Beispiel undenkbar, sich zu erlauben, glücklicher, erfolgreicher und erfüllter zu sein als ihre Eltern. Sie folgen dem Glaubenssatz: Solche Menschen sind wir nicht. Aber dieser Glaubenssatz führt dich in die Irre. In Wahrheit kannst du alles erreichen, was du dir vorstellen kannst. Du kannst jeden deiner Träume wahr werden lassen. Und du kannst in jedem Lebensbereich auf der Dachterrasse wohnen und dein Leben genießen. Es gibt keine Einschränkung, solange du dich nicht selbst kleinhältst. Bernd und ich haben den Wink mit dem Zaunpfahl, den uns unsere Kinder gegeben haben, verstanden. Denn deine Kinder wollen dich strahlen sehen. Je heller du strahlst, je liebevoller, erfüllter, erfolgreicher du bist und je mehr sie dir bei deinem Wachstum zuschauen dürfen, desto normaler wird es auch für sie sein, gläserne Decken zu durchbrechen und alles für möglich zu halten. Wir haben irgendwann verstanden, dass unsere Kinder uns mit ihrem herausfordernden Verhalten inspirieren wollten, unsere Talente und unser Potenzial noch intensiver und umfassender zu leben. Und das tun wir und laden dich von Herzen ein: Fahr auf die Dachterrasse. Halte alles für möglich und erlaube dir das schönste, erfüllteste und liebevollste Leben. Erschaffe dir nicht nur ein gemeckerfreies Leben, sondern deine #Gemeckerfreiheit – die vollkommene Erfüllung und die pure Lust am Leben.

50. | Findet euren Weg als Familie

Zum Ende dieses Buches möchten wir dich ermutigen und darin bestärken, euren Weg als Familie zu finden. Lass dich gern von anderen Eltern inspirieren. Nutzt Vorbilder, um herauszufinden, wie ihr leben wollt. Und findet den Glauben in euch, dass das auch für euch möglich ist. Und dann geht los! Findet euren Style, euren Weg, eure Magie, indem ihr die Talente all eurer Familienmitglieder verknüpft und damit ein einzigartiges Glück erschafft. Lasst eure Kinder eure Helden sein, die euch immer und immer wieder wachrütteln und motivieren, weiterzugehen und das Beste aus euch herauszuholen. Erkennt, welch riesiges Geschenk es ist, Kinder ins Leben begleiten zu dürfen. Erinnere dich an die ersten Momente mit jedem deiner Kinder und lass dieses Glücksgefühl dein Herz ausfüllen. Erlaube dir, deine Kinder einfach zu lieben, und beginne damit, jeden Tag so zu gestalten, dass ihr ihn genießen könnt. Denn die Zeit, in der du deine Kinder so eng um dich haben kannst, vergeht wie im Flug. Auch wenn wir selbst Sätze wie «an den Kindern sieht man, wie die Zeit vergeht» früher gehasst haben, können wir heute nur zustimmend nicken: Zwar fühlt es sich für uns immer noch so an, als hätten

wir unseren Ältesten erst gestern zum ersten Mal im Arm gehalten, aber es sind seitdem eben doch schon vierundzwanzig
Jahre vergangen.

Genieße all die Dinge, die du heute vielleicht zum letzten Mal
erlebst: das letzte Mal schwanger sein oder stillen, das letzte Mal,
dass sich ein Kind zum Schlafen an dich kuschelt, ein letztes Mal
beim Laufen lernen zuschauen, Fahrradfahren üben, ein letztes
Mal Zöpfe flechten, Lego bauen, Luftballons aufpusten, ein letztes
Mal von der ersten Liebe erzählt bekommen, ein letztes Mal über
eine Nichtigkeit diskutieren dürfen … Lerne diese alltäglichen
Kleinigkeiten zu schätzen, sei dankbar dafür und – vor allem
– lass dir deine Laune nicht von möglichen Alltagsscherereien
verderben. Nimm auch sie wahr, erkenne das Geschenk darin
und sei präsent im Hier und Jetzt. Entwickle eine Haltung von
tiefer Dankbarkeit und Freude deinen Kindern gegenüber und
lerne, dich zu entspannen. Finde den Zugang zu deiner echten
Intuition und gewinne die innere Sicherheit, dass du liebevoll
und klar zugleich sein kannst. Dann wirst du alle Hürden und
Hindernisse spielerisch meistern, weil es dir gelingt, innerlich
gelassen und friedvoll zu bleiben, was auch immer geschieht.

Und weil die Kindheit deiner Kinder eben ein sehr überschau-
barer Zeitraum ist, solltest du auch an die Zeit danach denken
und dir Gedanken machen, eine Idee entwickeln, wie du dein
Leben nach der Kinderzeit gestalten willst. Denn wenn du dich
ausschließlich über die Kinder definierst, ist es schwer, sie ihren
Weg gehen zu lassen. Außerdem benötigen dich deine Kinder
auch an dieser Stelle als Vorbild, damit du ihnen zeigst, was erwachsen zu sein bedeutet. Denn zu viele Kinder schauen sich
ihre erschöpften, ausgebrannten Eltern an und fragen sich laut

oder leise, ob es das wert ist. Ob sie so leben wollen. Was attraktiv daran sein soll, erwachsen zu werden.

Wenn du ihnen vorlebst, dass Erwachsene ihr Leben aktiv gestalten, dass sie einen Beitrag für die Welt leisten, dass Leben bedeutet, sich immer wieder neu zu erfinden, und dass es nichts Spannenderes oder Schöneres gibt, als auf dieser Welt zu sein, dann werden auch sie sich voll kribbeliger Neugier in ihr eigenes Leben stürzen. Ohne Angst vor Misserfolg oder Versagen, weil sie erleben, dass es weder das eine noch das andere gibt, sondern dass Leben bedeutet, sich auszuprobieren, und dass wir alle in jedem Moment einen neuen Weg einschlagen dürfen.

ODE AN DEIN KIND

Geliebtes Kind, ich danke dir für all die Momente, in denen du mich innerlich hast wachsen lassen.

Ich danke dir für jedes Salzkorn, das du in eine meiner Wunden gestreut hast, damit ich heilen konnte.

Ich danke dir für deinen Mut, dich nicht abzufinden oder zufriedenzugeben, sondern immer aufs Neue anzuecken und aufzumerken, um uns aufmerksam zu machen, wo unser Familien-Kraftwerk nicht rundläuft.

Ich danke dir für deine Geduld, deine Hartnäckigkeit und dein Dranbleiben.

Ich bedaure jeden einzelnen Moment, in dem es mir nicht gelungen ist, die Mama oder der Papa zu sein, die/der ich von Herzen gern sein wollte.

Ich bedaure jedes laute Wort und jede Ungerechtigkeit und es bleibt mir nur, dich um Verzeihung zu bitten für all die Momente, in denen ich gefühlt versagt habe. Und dir mein Wort zu geben, dass ich mein Bestes gebe, damit ich zukünftig die Mama/der Papa bin, die/den du verdient hast. Die/der dich in deiner wundervollen Einzigartigkeit sieht, die/der alles gibt, dich dabei zu unterstützen, dich zu entfalten und dein Leben auf deine Weise zu leben.

Ich danke dir, dass du mir das Geschenk gemacht hast, deine Mama/ dein Papa sein zu dürfen. Und ich danke dir für dein Vertrauen, dafür, dass du nicht nachtragend bist und mir jeden Tag aufs Neue die Chance gibst, mein Herz für mich und damit für dich zu öffnen.

Ich verspreche dir und ich verspreche mir, ich werde all mein Wissen ab heute mehr und mehr mit Leben wecken, ich werde unsere gemeinsamen Momente noch viel mehr schätzen. Ich werde nicht mehr darauf warten, hoffen oder drängen, dass du endlich lernst, dies oder das allein zu tun.

Stattdessen werde ich jeden einzelnen Tag, jeden einzelnen Moment in mir aufsaugen, ich werde ihn genießen und in meinem Herzen abspeichern als einen wundervollen Kontaktmoment zwischen dir und mir.

Ich gebe dir mein Wort, dass wir gemeinsam herausfinden, wie das Leben für uns alle gleichermaßen funktioniert, was uns glücklich macht und erfüllt sein lässt.

Denn eines habe ich verstanden: Familie muss und darf Spaß machen. Es ist kein Kampf, den es zu gewinnen, sondern ein Leben – unser Leben –, das es zu gestalten gilt.

Ich danke dir für all deine Hinweise, wo unser Leben in dem Moment nicht zu dir oder zu uns gepasst hat, und ich freue mich und bin gespannt, wie wir es gemeinsam zu unserem größten Glück, zu einem fortwährenden Fest machen können.

Ausblick

Unser Traum von einer gemeckerfreien Welt

Unser Familienleben ist für uns einfach das größte Abenteuer überhaupt. All die Beziehungen in der Familie – zu den Kids, in der Partnerschaft, aber auch zu sich selbst – sind für uns das Fundament für ein glückliches und, wenn man so will, erfolgreiches Leben. In unserer Interaktion miteinander und auch in der Auseinandersetzung mit sich selbst lassen sich die größten Wunden erkennen und in Wunder verwandeln. Abschließend wollen wir dir einen kurzen Einblick in unsere Geschichte und einen Ausblick auf unsere Vision geben.

Bernd und ich haben beide als Jugendliche die Trennungen unserer beider Eltern erlebt und aus diesen Erfahrungen heraus entschieden, dass wir sowohl unsere Beziehung als Paar wie auch unser Familienleben anders gestalten und erleben wollten. Wir wurden ganz bewusst früh Eltern und suchten Wege, wie ein neuer Umgang möglich sein könnte – ausgelöst durch unsere Kinder, die wirklich jede Gelegenheit nutzten, um uns erleben zu lassen, wo wir nicht authentisch, sondern in unseren Mustern und Programmierungen gefangen waren. Wir wurden lauter, als wir es jemals sein wollten, nutzten Sätze, die wir niemals sagen wollten, und waren oft einfach nur ratlos. Denn unsere Kids haben alles durcheinandergewirbelt und immer und immer wieder ihre Finger in jede Wunde gelegt. Diese Ratlosigkeit wurde zusätzlich verstärkt durch meine Expertise. Denn besser im Bereich Pädagogik der frühen Kindheit ausgebildet zu sein als ich, war schier unmöglich. Und dennoch hat es nicht funktioniert. Weil wir diesen Traum vom liebevollen Miteinander hatten und nicht bereit waren, ihn der Realität zu opfern, haben wir geforscht und gesucht und im Laufe der Jahre verschiedene Aspekte kombiniert. Ein Aspekt war meine fachliche Expertise aufgrund meines Studiums der Erziehungswissenschaften inklusive unzähliger Weiterbildungen und meiner Erfahrungen in der Begleitung von vielen Tausend Erzieherinnen und Erziehern in Hunderten Kindertagesstätten. Einen weiteren Aspekt bildeten die Themen persönliche Weiterentwicklung und Spiritualität. Weil wir zudem die Botschaften unserer Kinder hören und all das Wissen sammeln konnten, konnten wir #gemeckerfrei® finden: diesen Weg, Familie zu leben, der sich für uns warm und stimmig anfühlt und mit großer innerer Klarheit einhergeht.

Als unser ältester Sohn achtzehn wurde, entschieden wir, anstelle von pädagogischen Fachkräften fortan Eltern zu unterstützen. Denn wir erlebten die große Not vieler Eltern und waren den Weg selbst gegangen. Wir kennen jedes Thema, jedes Alter, jede Herausforderung, vor der du als Mama oder Papa womöglich stehst oder stehen wirst. Wir haben wirklich – wenn du so willst – Dreck gefressen. Denn all das theoretische Wissen war im echten Leben einfach keinen Deut wert. Ganz im Gegenteil. Es hat alles noch mehr verkompliziert und schwer gemacht. Unsere Kinder haben stets aufgezeigt, jedes auf seine Weise, wenn wir nicht das gelebt haben, was wir in diesem Buch beschreiben. Nur weil wir uns auf unsere Kinder eingelassen haben, konnten wir #gemeckerfrei® finden. Wir wissen heute nicht nur theoretisch, was du tun kannst, sondern haben es praktisch erprobt. Das ist uns immer schon enorm wichtig gewesen: Alles, was wir in unser Konzept einfließen lassen, prüfen wir vorher auf Herz und Nieren. Wir leben genau das, was wir dir beschreiben. Nichts davon ist in der Theorie entstanden. Jeder einzelne Aspekt ist eine Kombination aus Wissen und Fühlen. Und #gemeckerfrei® ist nicht nur in unserem eigenen Kosmos erfolgreich, sondern mittlerweile profitieren weit über 100.000 Teilnehmerinnen und Teilnehmer von diesem Ansatz. Wenn du mehr über unsere Geschichte erfahren willst, lege ich dir unser erstes #gemeckerfrei®-Buch ans Herz. Dort haben wir das sehr detailliert beschrieben.[10]

Wir konnten #gemeckerfrei® finden, weil wir nie müde wurden, zu forschen und zu experimentieren. Immer wieder stellten und stellen wir uns die Frage: Wie können wir als Familie noch erfüllter, noch liebevoller, noch glücklicher werden? Bis heute gehen wir diesen Weg jeden Tag weiter. Denn auch wenn das Leben, das wir als Familie leben, schon wundervoll ist, geht es immer noch schöner. Denn Stillstand ist für uns keine Option. Und so haben wir 2022 unser Zuhause in Deutschland hinter uns gelassen und reisen seitdem mit unseren Kindern um die Welt. Lernen vom Leben, indem wir die Königsgräber in Ägypten, die Big Five in Tansania, aber auch die Unterwasserwelt Sansibars kennenlernen durften. Wir entscheiden gemeinsam, welche Sportarten wir ausprobieren, welche Kulturen wir kennenlernen und welche Erfahrungen wir machen wollen. Wir haben viele Länder Afrikas bereist, waren in Südamerika und sind aktuell in Asien und lernen alle gemeinsam Surfen. Wir sind ganz und gar bereit, immer weiterzugehen, immer bewusster, immer freier von alten Glaubenssätzen zu werden und immer mehr herauszufinden, welches Leben wir leben und welchen Beitrag für die Welt jede und jeder einzelne von uns leisten möchte. Dazu lassen wir uns von all den wundervollen Orten und Menschen, die wir auf unserer Reise kennenlernen dürfen, inspirieren. Wir genießen es sehr, auch unsere beiden älteren Kinder regelmäßig für einige Wochen oder Monate irgendwo auf der Welt treffen zu können und so unseren Weg zu finden, wie ein Leben mit erwachsenen Kindern für uns alle aussehen kann. Wir erleben sehr intensiv, wie der Blick über den Tellerrand viele unbewusste Begrenzungen und Bewertungen aufdeckt. Wir reisen im Außen durch die Welt und im Inneren zu uns selbst.

Dabei leitet uns auch die Frage: Wie können wir auch dich inspirieren, dich ganz tief in dir mit dir zu verbinden und im Außen nach den Sternen zu greifen? Was brauchst du, um die liebevollsten Beziehungen, das größte Glück und die tiefste Verbindung mit dir und deinen Liebsten für möglich zu halten?

Durch unser Leben und unseren Weg wollen wir dir zeigen, dass es möglich ist, aus den gesellschaftlichen Konventionen auszubrechen. Dein Ding zu machen. Eure Familienmagie zu finden und zum Erblühen zu bringen. Dazu darfst du anfangen, deine Träume, mögen sie auch noch so zart sein, ernst zu nehmen. Zu glauben, dass du diese Träume nur aus einem einzigen Grund hast: Weil deine Seele dich dorthin führen will. Weil es für dich möglich ist. Wenn du deinen Mut zusammennimmst, deinen Weg gehst und dich von nichts und niemandem aufhalten lässt, wird es dir und euch gelingen, eure Einzigartigkeit zu finden und in die Welt zu strahlen – auf eure ganz individuelle Art und Weise. Denn jede und jeder von uns ist ein so bedeutsames Puzzlestück. Ein Wunder auf seiner Reise durch die Zeit. Wir alle können gemeinsam mit dem Aufzug nach oben fahren und unser Leben als das größte Geschenk, als andauerndes Wunder betrachten und mit jeder Faser erleben und genießen. Als Eltern können wir unseren Kindern ein Leben zeigen oder ein Vorbild sein, das ihnen Lust am Leben und aufs Erwachsensein vermittelt. Wir sind davon überzeugt, dass unsere Welt sich mitten in einem Wandel befindet und wir nur dann wirklichen Frieden in die Welt tragen können, wenn wir bei uns selbst und in unseren Familien beginnen.

Wann immer Bernd und ich uns vorstellen, was für großartige Menschen unsere Kinder und Enkel werden können, wenn es uns gelingt, sie in ihrer Einzigartigkeit zu sehen, statt sie in eine Form zu gießen, und sie in liebevoller Klarheit dabei zu begleiten, sich selbst zum Ausdruck zu bringen und ihr Geschenk, also ihre ganz eigene Magie mit der Welt zu teilen, dann bekommen wir Gänsehaut am ganzen Körper und haben Tränen der Rührung in den Augen. Und natürlich brauchen wir dich, um diesen Wandel zu gestalten. Denn nur wenn wir viele werden, wird sich etwas verändern. Und wäre es nicht großartig, wenn unsere Enkel nicht nur große Augen bekämen, wenn wir von einem Tastentelefon erzählen, sondern mindestens ebenso irritiert den Kopf schütteln würden, wenn wir ihnen erzählen, dass es eine Zeit gab, in der Kinder angeschrien oder geschimpft wurden? Es ist alles möglich, wenn wir daran glauben können.

Vielleicht konnten wir dich im Laufe des Buches an das Strahlen in dir erinnern, vielleicht fühlt sich #gemeckerfrei® für dich stimmig an und du teilst unsere Vision? Vielleicht trittst du in deiner Familie, in deinem Umfeld dafür ein und sorgst mit uns zusammen dafür, dass wir viele werden, die Familie als größtes Abenteuer und Beziehungen als größte Wachstumschance begreifen. Bist du dabei?

Über die Autoren

Wie geht Elternsein heute? Wie können wir liebevolle Eltern-Kind-Beziehungen gestalten? Und wie kann das größte Abenteuer überhaupt – Familie zu leben – Spaß machen und jeden Tag schöner werden? Das sind Fragen, die sich Uli und Bernd Bott seit bald 30 Jahren jeden Tag stellen und die dazu geführt haben, dass sie #gemeckerfrei® entwickeln konnten. Denn es war für die beiden einfach keine Option, sich mit mittelmäßigen Beziehungen, regelmäßigem Geschrei und Streitereien abzufinden. So forschten und prüften sie immer wieder, wie denn das Familienleben ihrer Träume gelebte Realität werden kann.

Die Diplom-Pädagogin Uli und der Unternehmer Bernd sind seit 28 Jahren glücklich verliebt und Eltern von vier gemeinsamen Kindern (im Alter zwischen 14 und 23 Jahren). 2017, als das älteste Kind 18 wurde, haben sie #gemeckerfrei® gegründet. So stellten sie sicher, dass sie all die Themen, die Eltern beschäftigen, selbst bereits erlebt hatten, denn Authentizität und gelebte Erfahrung sind den beiden unfassbar wichtig. Mit der Gründung von #gemeckerfrei® begannen sie, nicht mehr nur pädagogische Fachkräfte weiterzubilden, sondern auch mit Eltern zu arbeiten, um diesen das Vorbild zu sein, nach dem sie sich selbst so gesehnt hatten. Denn Menschen bekommen Kinder, wissen aber weder, was sie erwartet, noch, wie Elternsein geht. #gemeckerfrei® ist ein von den beiden entwickeltes

Konzept, in dem sie auf einzigartige Weise Entwicklungspsychologie, Pädagogik, Individualpsychologie, Kommunikationspsychologie, positive Psychologie & Spiritualität miteinander verbinden, um Menschen nachhaltig und effektiv zu befähigen, die liebevollsten Beziehungen in ihrer Familie, ihrer Partnerschaft und zu sich selbst zu führen. Entstehen konnte dieser Ansatz durch die fachliche Expertise der beiden: Uli bildete als Diplom-Pädagogin mit zahlreichen Zusatzausbildungen über zehn Jahre viele Tausend Erzieherinnen und Erzieher in ihrem eigenen Fortbildungsinstitut weiter und Bernd arbeitete jahrelang als Musiklehrer und Musikpädagoge. Hinzu kommt die private Erfahrung als Eltern von vier gemeinsamen Kindern.

Denn mit den Kindern wurde deutlich, dass all die theoretischen Konzepte und Ideen, die Uli in ihren zahlreichen Weiterbildungen lernte, nur teilweise praxistauglich waren, da sie von den eigenen Kindern auf Herz und Nieren geprüft und anschließend meistens verworfen wurden.

Dadurch konnten die beiden herausfinden, was es bedeutet, liebevoll und klar zugleich zu sein. Weder autoritär noch laissez-faire zu werden und stattdessen Kinder auf Augenhöhe und gleichwürdig zu begleiten. #gemeckerfrei® vereint all die Methoden, Ansätze und Inhalte, die für die beiden in der privaten wie beruflichen Praxis wirklich funktioniert haben.

Uli und Bernd haben bereits mehr als 100.000 Menschen mit ihren Programmen und Coachings erreicht und ihnen zu einer liebevollen Beziehung zu sich selbst, ihren Partnern und ihren Kindern verholfen. Sie sind Autoren mehrerer Bücher, darunter von zwei SPIEGEL Bestsellern, und sind regelmäßig in großen Medien wie Focus, Bild, Eltern family etc. präsent.

Die beiden sind Hosts des #gemeckerfrei® Podcasts und erreichen jede Woche Zehntausende Menschen über die sozialen Medien.

Seit 2022 sind die beiden mit ihrer Familie auf open-end-Welt-reise und leben damit in allen Lebensbereichen genau das, was sie ihren Teilnehmern mitgeben: ein Leben voller intensiver, liebevoller Beziehungen ohne Gemecker oder Streit, das alle zusammen nach ihren Vorstellungen gestalten. Sie lernen gemeinsam vom Leben, erforschen andere Kulturen, lernen neue Sportarten, treffen spannende Menschen und arbeiten von überall auf der Welt. Das ist ihre Definition von #gemeckerfreiheit – das eigene Leben nach den eigenen Vorstellungen zu gestalten und Träume wahr werden zu lassen.

«Wir wollen dir die Hand reichen, um dich auf deiner Reise in das größte Beziehungs- und Familienglück, das du dir vorstellen kannst, zu begleiten.»

Danke

Wieder einmal ist es an der Zeit, „Danke" zu sagen. Allen voran unseren Kindern Felix, Anja, Jakob und Johannes und unserer Bonustochter Sina, die einfach immer noch die wahren Helden hinter #gemeckerfrei® sind. Danke, dass ihr so hartnäckig gewesen seid und nicht aufgegeben habt, bis wir dieses wundervolle Familienleben erschaffen konnten. Danke, dass wir gemeinsam die Welt entdecken und neue Formen von Familie entwickeln.

Danke an unsere wundervolle Lektorin Ute Flockenhaus, die wie immer das Beste aus unseren Texten herausgeholt hat.

Danke an unsere Grafikerin Esther Wienand für das gelungene Cover.

Danke an unser Team und alle an der Entstehung des Buches Beteiligten.

Danke an all unsere Teilnehmerinnen und Teilnehmer, die uns jeden Tag besser werden lassen und mit uns unsere Idee einer #gemeckerfreien® Welt verwirklichen.

Das
//#gemeckerfrei®
Universum

#gemecker**frei**® steht für liebevolle Beziehungen in der Familie, der Partnerschaft und zu sich selbst. Zu jedem der drei Bereiche gibt es Bücher und Printprodukte.

Du willst mehr über uns, die Entstehung, Entwicklung und die Grundlagen von #gemecker**frei**® erfahren? Dann ist unser erstes Buch: «#gemecker**frei**® – **Warum Erziehung nicht funktioniert und wie wir die Eltern sein können, die wir sein wollen**», für dich das Richtige. Dieses Buch gibt es auch als Hörbuch.

Du willst mit deinem Partner oder deiner Partnerin eine glückliche und erfüllte Beziehung leben und suchst dafür Inspiration? Dazu gibt es das Buch: «**Der #gemeckerfrei® BeziehungsCode – für immer knallverliebt**» und die Kartenbox: «**Der #gemeckerfrei® BeziehungsCode – Glückskarten für deine Partnerschaft**», 54 Karten mit Impulsen für die eigene Partnerschaft.

Du willst #gemecker**frei**® mit dir selbst werden und deine negativen inneren Stimmen und deine Selbstzweifel überwinden? Dann hol dir unser Buch «**Von der Motzkuh zur inneren Cheerleaderin – wie du #gemeckerfrei® mit dir selbst wirst**»

Unser Geschenk für dich!

Hast du das Buch gelesen und bist begeistert von #gemecker**frei**®? Fragst dich aber vielleicht, wie sich das denn alles in den Alltag integrieren lässt oder wünschst dir Unterstützung bei der Umsetzung?

Dann laden wir dich ein, gratis an unserer bewährten und beliebten #gemecker**frei**® Challenge teilzunehmen. Dort nehmen wir dich fünf Tage lang an die Hand, du bekommst Video-Impulse von uns und gehst die nächsten Schritte in dein #gemeckerfreies Familienleben.
Zehntausende Teilnehmer sind bereits challenge-begeistert und wir freuen uns, wenn auch du Teil der #gemecker**frei**® Familie wirst und mit uns gemeinsam zum Umsetzungsriesen wirst.

Hier kannst du dich für die nächste
Challenge anmelden:

www.gemeckerfrei.de/challenge

Wenn du einfach mit uns in Kontakt bleiben und dich inspirieren lassen willst, abonniere gerne den #gemecker**frei**® Podcast – zu finden auf Youtube, Audible, Spotify, Apple und allen gängigen Podcastportalen.

Folge uns gerne in den Sozialen Medien, auf Facebook, Instagram, Tiktok (immer einfach «gemeckerfrei» suchen) oder besuche unsere Webseite unter:

WWW.GEMECKERFREI.DE

Literatur

1 Mantras entspringen ursprünglich dem Buddhismus. Es handelt sich dabei um Wörter oder Sätze, die eine positive Energie haben und motivierend/heilend wirken.

2 All deine Ängste sind übrigens die Folge deiner eigenen Erziehung. Wenn du diese lösen möchtest, empfehlen wir dir zwei unserer anderen Bücher: «Von der Motzkuh zur inneren Cheerleaderin» und «#gemeckerfrei® – Warum Erziehung nicht funktioniert und wie wir die Eltern sein können, die wir sein wollen».

3 Um das noch zu vervollständigen: Im Kind-Ich verhalten wir uns so, wie wir es als Kind emotional gelernt haben zu tun. Erwachsene, die zum Beispiel große Angst vor Gewittern oder Spinnen haben, fallen in solchen Momenten, in denen es blitzt oder sie eine Spinne sehen, automatisch in ihr Kind-Ich zurück. Sie fühlen dann all die Ängste, die sie als Kind entwickelt haben, und sind mit rationalen Argumenten nicht zu besänftigen. Auch hier geht es darum, sich seine Gestaltungsmacht durch einen Wechsel in den Erwachsenen-Zustand zurückzuholen.

4 Uli Bott: Von der Motzkuh zur inneren Cheerleaderin. Wie du #gemeckerfrei® mit dir selbst wirst. Herder, 2023.

Oder du besuchst uns unter www.gemeckerfrei.de.

5 Die Zuweisung an Väter oder Mütter entspringt unserer Erfahrung, kann aber natürlich beliebig ausgetauscht werden.

6 Weiterführend dazu unser Buch: Von der Motzkuh zur inneren Cheerleaderin. Wie du #gemeckerfrei® mit dir selbst wirst. Herder, 2023.

7 Michaeleen Doucleff: Kindern mehr zutrauen. München, 2021.

8 Gerald Hüther: Alphabet. Dokumentarfilm, 2013.

9 Vorausgesetzt, du hast die erste Zauberfrage ehrlich mit Nein be-antwortet. Sollte das Wohl des Kindes tatsächlich gefährdet sein, ist der Kindeswille dem Kindeswohl unterzuordnen.

10 Uli und Bernd Bott: #gemeckerfrei® – Warum Erziehung nicht funktioniert und wie wir die Eltern sein können, die wir sein wollen. Herder, 2021.

Weiterführendes Linkverzeichnis

https://www.amazon.de/Kindern-mehr-zutrauen-Erziehungsgeheimnisse-Stressfrei/dp/3466311527/ref=sr_1_1?crid=1PLB XOJJ8R1SR&keywords=kindern+mehr+zutrauen&qid=1691643919&spre fix=kindern+meh%2Caps%2C266&sr=8-1

https://www.amazon.de/Alphabet-Angst-oder-Liebe-OmU/dp/ B00HLVTMEQ/ref=sr_1_2?__mk_de_DE=%C3%85M%C3%85%C5%BD %C3%95%C3%91&crid=18W62RNLSCOUQ&keywords=alphabet+film& qid=1691643991&sprefix=alphabet+film%2Caps%2C264&sr=8-2

https://www.amazon.de/gemeckerfrei-Erziehung-funktioniert-Eltern-k%C3%B6nnen/dp/3451604000/ref=sr_1_1?crid=35HPUG4QBTN24&k eywords=gemeckerfrei+buch&qid=1691644015&sprefix=gemecker%-2Caps%2C263&sr=8-1

https://www.amazon.de/Von-Motzkuh-inneren-Cheerleaderin-gemeckerfrei%C2%AE/dp/3451602229/ref=sr_1_3?crid=35HPUG4QBT N24&keywords=gemeckerfrei+buch&qid=1691644040&sprefix=gem ecker%2Caps%2C263&sr=8-3

Printed in Germany
by Amazon Distribution
GmbH, Leipzig

30907131R00127